狐说新语 编著

8分钟轻阅读 漫画

父母话术

双向治愈 共同成长

首批全国优秀出版社 | 中国农业出版社

图书在版编目（CIP）数据

父母话术：双向治愈共同成长 / 狐说新语编著.
北京：中国农业出版社, 2025.2. -- ISBN 978-7-109-
32808-2

Ⅰ. G782-49

中国国家版本馆CIP数据核字第2025V4S565号

父母话术：双向治愈 共同成长
FUMU HUASHU：SHUANGXIANG ZHIYU GONGTONG CHENGZHANG

中国农业出版社

地　　址：北京市朝阳区麦子店街 18 号楼
邮　　编：100125
责任编辑：宁雪莲　文字编辑：屈　娟
版式设计：王　怡　责任校对：吴丽婷　责任印制：王　宏
印　　刷：湖北嘉仑文化发展有限公司
版　　次：2025 年 2 月第 1 版
印　　次：2025 年 2 月湖北第 1 次印刷
发　　行：新华书店北京发行所
开　　本：710mm×1000mm　1/16
印　　张：11
字　　数：282 千字
总定价：69.80 元

父母的层次

　　著名的社会心理学家马斯洛根据心理学的激励理论，将人类的需求分为五级，分别为：生理需求、安全需求、归属和爱的需求、尊重需求、自我实现的需求。家长作为孩子的第一任老师，也是最重要的老师，在教育、引导孩子，帮助孩子自我实现的过程中起到至关重要的作用。如果将教育孩子的过程按照人类需求进行划分，由此可以总结出家长的五个层次。如果做家长是我们的事业，那么看一看你的"事业"现在到哪个层次了？

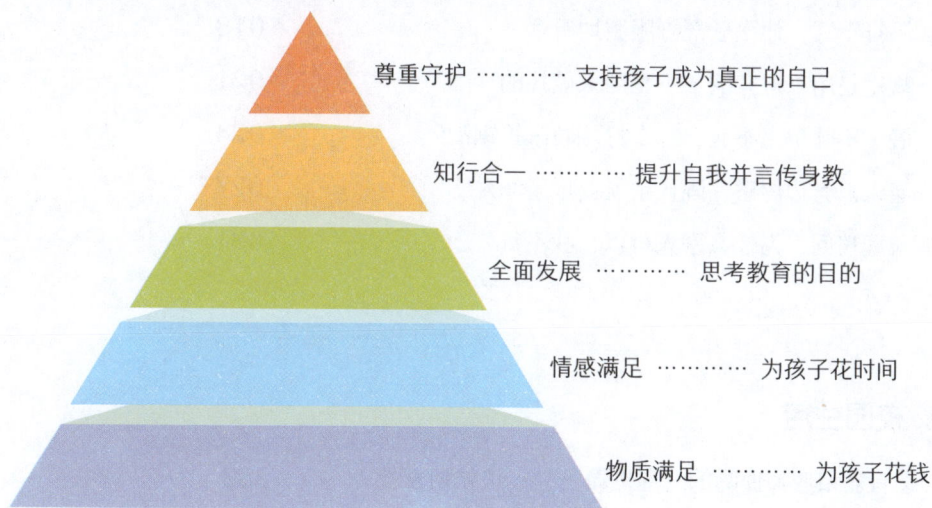

尊重守护 ………… 支持孩子成为真正的自己

知行合一 ………… 提升自我并言传身教

全面发展 ………… 思考教育的目的

情感满足 ………… 为孩子花时间

物质满足 ………… 为孩子花钱

　　之所以成为父母，不是要我们去书写孩子的人生，而是为了净化我们的心灵，让我们彻头彻尾地改变自己。

——戴维·托马斯

教育孩子的本质　是父母的自我教育

目录

01 · 家庭教育 ·

再不写作业，天都要亮了！

● 你快气炸了，他还不动如山。

● 你想进行挫折教育，却适得其反。

❓ 底层逻辑

孩子回到家，先做什么事情呢？可能是喝水、上厕所、玩耍，但不太可能是打开书包写作业。

一回到令人放松的家里，书桌就跟扎了针似的，让孩子完全没有靠近的欲望。但是如果写作业的事一拖再拖，结果可能就是直接不写或者家长陪着孩子熬夜赶作业。如果家长这个时候不耐烦地催促孩子，孩子只会比你更不耐烦，最后的结果又是一场浪费时间、浪费精力的鸡飞狗跳。长此以往，父母和孩子的关系会逐渐恶化，家庭氛围变得紧张，孩子也不能用很好的状态去写作业，可以说是有百害而无一利。

要解决孩子"玩到很晚才写作业"这个问题，首先要分析这个行为背后的原因。一般来说，背后的原因有两种：一是时间安排不到位，孩子回家以后没有明确的学习计划；二是孩子对即将要写的作业有抵触心理，害怕挫折和困难，觉得自己难以完成。

无论是哪一种原因，我们都应该先明白一点：爱玩是孩子的天性。孩子早期通常能够通过游戏锻炼能力，而随着孩子逐渐长大，学习和训练也就自然而然地出现了。为了适应社会的发展，现在的孩子被迫提前进入了学习这个"模式"。

所以，在解决"玩到很晚才写作业"这个问题前，父母要观察：

> 对于"玩到很晚"这个问题，孩子是没玩痛快，在玩的时候总是接受着爸妈的唠叨和催促；还是玩得太开心了，不想停下来去做别的事情呢？

> 对于"不想开始写作业"这个问题，孩子是觉得作业很难，不想开始写；还是缺乏自信心，害怕遇到难题呢？

分析了原因之后，就可以开启和孩子的对话啦。

！你可以这样说

针对孩子的情况，你可以这样对孩子说：

"咱们要在睡觉前把今天的作业做完，你打算怎么安排你的时间？"

可以把放学回家后的时间安排交给孩子，从而激发孩子的自主性。孩子知道"什么时候写作业"这件事是自己可以控制的，写作业就变成了一件愿意主动去做的事。

"今天的作业是不是有点难了？没关系，如果需要爸爸妈妈帮忙，我们会很乐意的！"

不说任何督促、质问的话，更没有指责，可以有效缓解孩子对作业的恐惧。你会发现，孩子在家写作业时慢慢变得主动、积极起来，遇到不会的问题也愿意向父母求助。

"你写作业的时候把门关好，爸妈不打扰你，需要的时候再叫我们，我们进来会敲门的。"

这样说可以给孩子足够的安全感。孩子不可能一直都在专心写作业，有时他会走神或被其他事吸引了注意力。如果这时你推门进去，发现孩子没有认真写作业，免不了批评孩子。久而久之，孩子因为害怕房门被随时推开，会变得没法专注地写作业。

帮助孩子合理安排好时间之后，安抚孩子的情绪，让他知道父母理解他对于写作业这件事的"难处"，这样可以有效缓解孩子对作业的恐惧；然后再给予孩子足够的空间，在孩子需要的时候出现。慢慢地，孩子在家写作业时就会越来越主动。

▸ 反思

对于婴幼儿来说，家长常用游戏的方式培养其各项能力，让孩子在玩游戏的过程中不断成长。游戏在孩子的成长过程中扮演极其重要的角色，它能促进孩子动作的发展，启迪孩子的心智；还能让孩子不断体验到成功与失败、自由与规则、过程与结果，在满足玩的乐趣的同时，丰富了孩子的人格内涵。

然而到了小学阶段，家长开始给"玩"赋予了许多学习的意义，孩子无法玩得轻松、愉快，就容易在自己能够支配自己的时间的时候，补上那份缺失的"快乐"。比如，一回家就玩到很晚，磨蹭着、拖拉着不写作业。

下一次看到孩子一回家就开始"玩"的时候，试着自己先冷静一下，想一想孩子玩的动机是什么，知道了真正的原因，才能彻底解决问题。

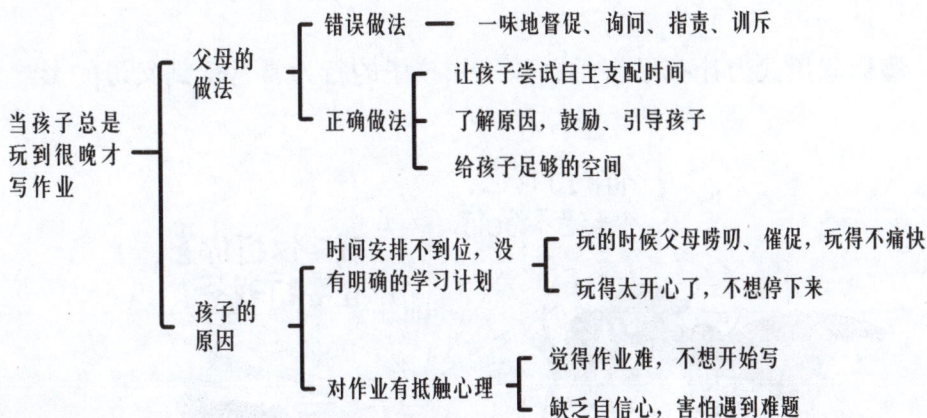

当孩子总是
玩到很晚才
写作业
- 父母的做法
  - 错误做法 —— 一味地督促、询问、指责、训斥
  - 正确做法
    - 让孩子尝试自主支配时间
    - 了解原因，鼓励、引导孩子
    - 给孩子足够的空间
- 孩子的原因
  - 时间安排不到位，没有明确的学习计划
    - 玩的时候父母唠叨、催促，玩得不痛快
    - 玩得太开心了，不想停下来
  - 对作业有抵触心理
    - 觉得作业难，不想开始写
    - 缺乏自信心，害怕遇到难题

♥ 治愈父母

好了，吸气……呼气……平静一点了吗？如果还是无法平静的话，回忆一下当你还是孩子时，你是否也有不听父母话的时候呢？你的父母是不是也曾在你玩得正开心的时候催你去写作业？是不是也曾在你写作业走神的时候批评你？

当时既愤怒、不甘又委屈的你，现在一定也懂得了父母的良苦用心。所幸的是，我们在父母的托举下，有了更高的眼界和更多的知识，懂得了用更温和有效的方法教育孩子，既有效地解决了问题，又减少了自己与孩子间的摩擦和伤害，这何尝不是一种收获呢？

古话说得好，"锅铲"底下出孝子！

孩子与老人的家庭大战，应该站哪一边？

● 你想用武力让孩子害怕，殊不知孩子的行为常常受到父母的影响。

● 你想用处罚让孩子自己认识错误，谁知却给孩子留下了难以治愈的阴影。

❓ 底层逻辑

　　父母、爷爷奶奶（外公外婆）和孩子形成了家庭中的"三角"关系，在这个关系中，父母因为上班等原因无法照顾孩子，只能请爷爷奶奶（外公外婆）来帮忙，然而上一辈人的行为习惯和思想与孩子之间存在着巨大的鸿沟。当发生摩擦时，爷爷奶奶（外公外婆）觉得自己付出了巨大的时间、劳动和关爱，却得不到认可，因此感到委屈；而过度约束和唠叨容易导致孩子的抗拒，一场"大战"难以避免。父母其实是这一"三角"关系中的关键人物，当老人和孩子出现矛盾时，千万不可偏向任何一方，说：

> "你怎么可以不尊重爷爷奶奶呢？你知道他们为了照顾你有多辛苦吗？"

> "小孩子不懂事，你不要和他计较！"

　　发现了吗？这样的话语不仅缓和不了紧张的气氛，还会让孩子和老人都产生"不服气"的心理，产生抵抗情绪。正确的做法应该是从"三角"关系中"跳出来"，安抚双方的情绪。

❗ 你可以这样说

　　在进行谈话之前，先了解清楚发生了什么。

对孩子可以这样说：

> "可以告诉我发生了什么事吗？……嗯，这确实是一个理由，要是有理有据地跟奶奶说，效果可能会更好。"

　　不论孩子给出的理由是否合理，你都要让孩子感觉到你是理解他的。通过多次的沟通，孩子会感受到你包容的态度，接受你的建议，慢慢改正一些不良习惯。

对老人可以这样说：

> "身体要紧，您先消消气。"

> "爸（妈）帮我们带孩子辛苦了，您先休息一会儿，让我去跟孩子聊一聊，好吗？"

　　说的同时可以轻抚老人的背，安抚他们的情绪，然后再带孩子进房间里单独沟通。不批评任何一方的做法，而是通过倾听、理解对方的想法，让对方的情绪平复下来，来实现家庭关系的有效平衡。

▶ 反思

"清官难断家务事"，其实孩子与老人之间的矛盾并不一定要分出谁对谁错，身在其中，若你掌握不好其中的"度"，稍微偏向了谁，就可能激化矛盾。在孩子与老人单独相处的时间里，他们会自动磨合出适合彼此的相处模式，即使遇到了摩擦，他们也会有属于彼此的消除矛盾的方式，若你不明就里地掺和进去，反而会让原本平衡的关系失衡。所以，只要支持、理解与包容老人与孩子的情绪，在必要时出言安抚就行了，至于如何消除误会，就让他们自己去解决吧。

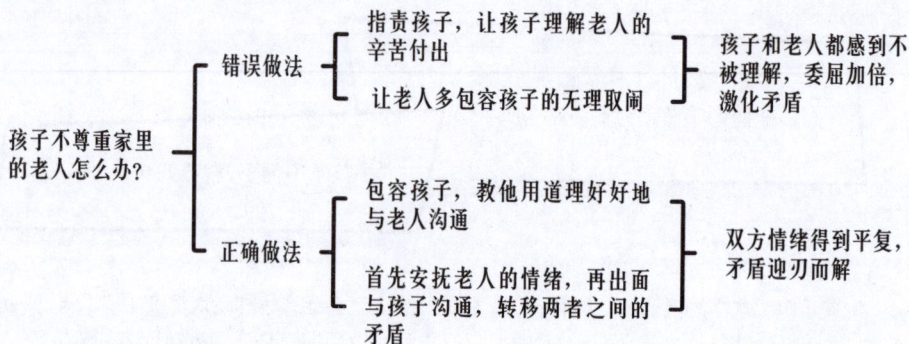

孩子不尊重家里的老人怎么办？
- 错误做法
  - 指责孩子，让孩子理解老人的辛苦付出
  - 让老人多包容孩子的无理取闹
  - → 孩子和老人都感到不被理解，委屈加倍，激化矛盾
- 正确做法
  - 包容孩子，教他用道理好好地与老人沟通
  - 首先安抚老人的情绪，再出面与孩子沟通，转移两者之间的矛盾
  - → 双方情绪得到平复，矛盾迎刃而解

♥ 治愈父母

《少年派的奇幻漂流》里有一句台词：我猜人生到头来就是不断放下，但永远最令人痛心的，就是没有好好道别。我们这一代父母，应该有很多人是跟着爷爷奶奶（外公外婆）长大的，最能体会老人的"固执"，但此刻想起那个"固执"的老人家，你更为想念的可能是专属于他们的饭菜香。不知道你与他们好好道别了吗？没有也没关系，你可以引导孩子珍惜与爷爷奶奶（外公外婆）之间的美好时光，让遗憾终止在这里。

孩子像炸弹，一张嘴他就"爆炸"

● 你关心孩子，孩子却觉得烦。

● 不知道什么时候，孩子就会"爆炸"。

❓ 底层逻辑

父母一说话，孩子就嫌烦，有些年纪稍大的孩子，甚至还会和父母顶嘴。为什么现在的小孩好像越大越不听话？父母要明白，你的感受和孩子的感受不一样，在对孩子开口的时候，可以试着探究一下孩子的感受。

一般来说，父母在进行这三种表达的时候，孩子最容易不耐烦。一是唠叨，尤其是带有责备意味的唠叨；二是忽视情感沟通，冷淡直白地询问；三是打压式教育思维下说出的打击孩子的话。

以上三种情况，父母一张口几乎都是教育、指责、催促、批评的话语，孩子一开始一般会选择沉默应对，终止和父母的沟通。久而久之，孩子会在父母一次次的否定、忽视中积压委屈和不满，最后变成一听到父母的声音就感到烦躁。在父母的眼中，这就变成了父母一开口，孩子就嫌烦。

❗ 你可以这样说

想要和孩子好好沟通，父母或许可以试着改变一下说话的方式：

"最近有发生什么事吗？可以说给爸爸妈妈听吗？"

用聆听代替唠叨，在孩子开口的时候静静聆听，不唠叨、不打断、不反驳。给孩子足够的话语权，让孩子能够有效表达自己，这样孩子也会更愿意听你说话。

或者可以这样说：

"宝贝放学啦！今天辛苦了，在学校过得怎么样？"

用饱含感情的话语替代冷淡直白的询问，比如，用"上了一天学辛苦了"替代"放学了？赶紧去写作业"。父母对孩子的关心和爱护，要用正向的语言表达出来。

还可以这样说：

"宝贝长大了，爸爸妈妈相信你可以做好！"

用肯定代替否定和打压，尊重孩子的独立意识，保护孩子的自尊心，让孩子不再总是接收到否定自己的语言。

反思

父母可能会因"不能输在起跑线"这样的口号产生焦虑，从而对孩子的成长产生焦虑，生怕自己不时时刻刻督促着，孩子的一生就毁了。心态影响情绪，情绪影响语气，处在这样焦虑中的父母，面对孩子说出的话和说话的语气，自然会让孩子反感。

教育家蔡元培说过："决定孩子一生的不是学习成绩，而是健全的人格修养。"想要培养孩子健全的人格，父母就要改变对孩子说话的语气和方式。在充斥着唠叨、批评的语言环境中，孩子很难得到幸福感，自信、独立等优秀品质也得不到发展。

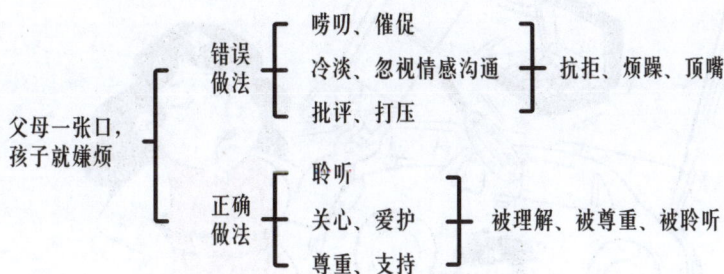

父母一张口，
孩子就嫌烦
- 错误做法
  - 唠叨、催促
  - 冷淡、忽视情感沟通 ─ 抗拒、烦躁、顶嘴
  - 批评、打压
- 正确做法
  - 聆听
  - 关心、爱护 ─ 被理解、被尊重、被聆听
  - 尊重、支持

治愈父母

我想，在每一次被孩子顶嘴，被孩子说"烦"的时候，你一定也很伤心。每一个爱自己孩子的父母，都情不自禁地希望孩子跑快点，再快点，这样孩子长大以后，也许就能过得更幸福一些。深呼吸，试着把焦虑转变为合理的期待，也可以试着运用心理学上的"调味品效应"。在交流中，那些看似无关紧要的"废话"或"闲话"，或许更能帮你增进和孩子的感情，让你更好地向孩子表达你对他的殷殷期盼。

别用赚钱辛苦"绑架"你的孩子

● 每强调一次赚钱的不易，孩子"配得感"就会下降一分。

● 转嫁"赚钱"的责任，并不能让你的孩子变得优秀。

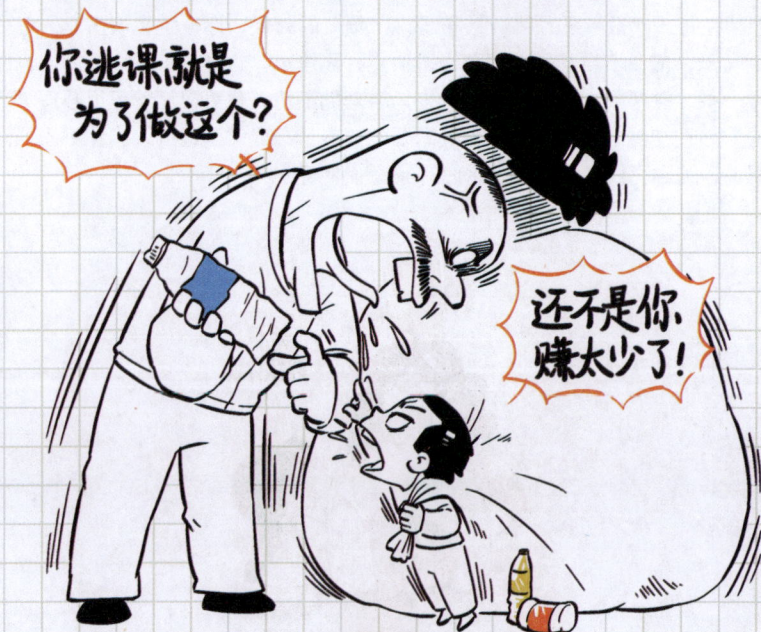

❓ 底层逻辑

有的孩子小小年纪说话做事就显得特别成熟，看人的眼神像个大人一样，从不跟其他小孩一起玩，喜欢一个人待着，看起来心事重重。这可能是因为他们的父母经常跟他说：

> "我跟你爸爸赚钱很不容易，你要好好学习，以后才能养活自己。"

> "我们辛苦赚钱付出了这么多，你必须要有出息！"

这些话在无形中给孩子戴上了沉重的枷锁。

父母总跟孩子提赚钱不易，让孩子提前承担了他这个年龄不该承担的东西。孩子身上背负着无形的压力，就无法做到轻松、愉快，整天担心以后怎么赚钱、如何省钱，对学习也有着负面影响。长大之后，即使有钱了也不敢花钱买自己喜欢的东西，每一次花钱都会给他带来深深的"愧疚感"。

如果你家也有这样的情况，不要慌，现在改变还来得及。

❗ 你可以这样说

小学阶段，正是孩子成长的黄金期，他们应该毫无负担地认识这个世界，在愉快中开阔眼界，而不是被迫背负不属于自己的压力，过得战战兢兢。所幸他们的世界观和价值观还未形成，当初是谁把压力施加给孩子的，就由谁去跟孩子解释，负责把话"圆"回来。

"我跟你说挣钱很辛苦，只是想让你不要乱花钱，挣钱是我们大人的事，你不要担心啦！"

"爸爸妈妈都有自己的工作，你不用担心我们挣不到钱，我们挣的钱完全够用，你想做什么我们都能支持你！"

父母要把家庭的责任划分清楚，跟孩子说清楚哪些是自己承担的责任。有时候你跟他分享赚钱的辛苦，他会认为你是想让他跟你一起承担，不自觉地给自己增加压力。说清楚之后他就会知道哪一部分是自己该做的了。

想让孩子健康地长大，放松心情应对作业和学习，就要给他"卸下"肩上的负担，这样他才能把注意力放在学习上，而不用整天担心本应该由父母承担的事情。

反思

有的家长是为了培养孩子的"抗挫力"才提前让孩子知道赚钱的不易，但在给孩子施加压力时，要仔细斟酌一下"力度"是否合适。如果试探的压力过大，远远超出了孩子的承受范围，"培养"将会变成"伤害"。生活中常说的"弹簧效应"，是指某一事物受到的环境压力越大，其自身的爆发潜力和空间也就越大；受到的环境压力越小，其自身的爆发潜力也越小。给孩子适度的"压力"确实可以培养孩子的"抗挫力"，但弹簧是有压力范围的，压力过大，超出了弹簧的承受范围，弹簧就会因为过大的压力而崩断。

对孩子过度强调"赚钱辛苦" ——— 孩子提前承担不属于自己的责任，变得成熟、精明，失去孩子的童真，影响学习

- 将责任划分清楚，让孩子知道赚钱是父母的责任，让孩子放下压力
- 告诉孩子不必为钱的事担心，表达你们对孩子的支持，孩子才能把注意力放在学习上

治愈父母

上一辈的父母大多把"爱"藏在行动中，你要在细枝末节里去寻找，有的人粗枝大叶，可能就忽视了，于是对父母产生一些误会。你如果只是想让孩子改掉"花钱大手大脚"的坏习惯，就不妨直接说出来，说出你对孩子的担心和爱。因为拐弯抹角不仅表达不清楚你的想法，还容易让孩子接收到错误"信号"。你已经成为父母了，那些走过的弯路、踩过的坑，你可以替孩子规避掉。这就是教育和进步的意义吧。

014

家里没有王位，但手足还是变成了"敌人"

● 两个孩子之间，有永不休止的争夺战。

● 不论你帮哪一个，都是偏心。

❓ 底层逻辑

两娃或者多娃家庭，总是不可避免地会出现孩子之间争吵打闹的问题。偶尔的打闹在所难免，但是如果打闹过于频繁，大概率是父母在处理孩子之间的矛盾时，没有看穿孩子们争闹的根本原因。

两个孩子之间的争夺，浅层原因多半是物品的主权划分不清晰。家里的玩具、书本之类的物品，父母如果没有明确说过属于哪个孩子，那么孩子们就都会想拥有这个东西，于是一场又一场"争夺战"出现了。

然而深层原因，一般是孩子在寻求父母的关注。孩子在潜意识中会追求成年人的注意，每一个孩子都希望自己从父母那里获得全部的爱。当其中一个孩子感觉自己受到了冷落，就会开始想方设法获得大人的注意，比如哭闹、抢夺其他孩子的玩具、故意找其他孩子的麻烦等。

❗ 你可以这样说

面对孩子之间的冲突、争抢，智慧的父母会选择不参与进去。

"看来你们两个人都不开心，可以和爸爸妈妈说说发生了什么吗？"

首先要肯定孩子们的情绪，让产生争执的两个孩子分别表述事情的经过以及自己的观点和感受。这一步很关键，只有引导两个孩子认识到导致双方产生矛盾的问题，才能更好地解决问题。

然后可以说：

"看来你们之间确实出现了一点小问题，相信你们都有自己的理由。或许你们可以商量一下，怎么解决这个问题。"

父母不要做孩子之间的裁判，得让孩子自己调节他们之间的关系。

很多父母的教育理念是"大让小"。殊不知，父母要是一贯让大的孩子谦让，他会更不舒服，看小的孩子也更不顺眼；小的孩子看在眼里，也会学着父母的样子反过来欺负大的孩子。久而久之，两个孩子便会处成"死敌"。

➤ 反思

　　孩子们之间良好的关系，可以帮助他们发展社交技能、学会理解他人的需求与感受、获得积极解决问题的思维，这将为他们未来的社会交往打下良好的基础。

　　孩子之间的关系取决于父母与每个孩子之间的关系及沟通模式。如果父母可以和孩子耐心地讨论其他孩子的需要及意图，比如"他想要那个玩偶，但是不知道怎么表达"，那么，孩子也会学着考虑他人的感受和需要，从而想到解决问题的办法。最重要的是，要让孩子感受到父母没有偏袒任何一个孩子，并能感受到父母对自己的接纳和爱。

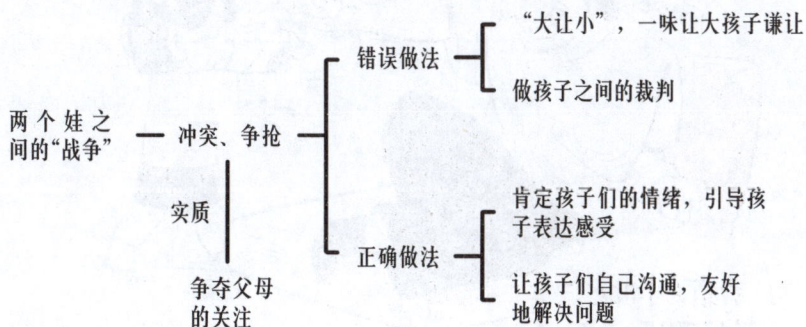

　　两个娃之间的"战争" ─── 冲突、争抢 ─── 错误做法 ─┬─ "大让小"，一味让大孩子谦让
　　　　　　　　　　　　　　　　　　　　　　　　　　　└─ 做孩子之间的裁判
　　　　　　　　　　　　　实质
　　　　　　　　　　　争夺父母 ─── 正确做法 ─┬─ 肯定孩子们的情绪，引导孩子表达感受
　　　　　　　　　　　的关注　　　　　　　　　└─ 让孩子们自己沟通，友好地解决问题

❤ 治愈父母

　　你有没有哥哥姐姐或者弟弟妹妹？小的时候，你会不会被自己的哥哥姐姐欺负，又或是你欺负自己的弟弟妹妹？不论是谁的错，当你的兄弟姐妹被父母无端偏袒，而你却受到批评，被要求忍让的时候，你是不是也会躲在父母看不见的角落里偷偷抹眼泪，并暗暗发誓再也不会原谅父母和那个被偏袒的孩子。这种被抛弃的感觉一定很不好受。我们没有"月光宝盒"，无法回到过去改变自己曾经经历的事，但可以让自己的孩子远离这种糟糕的体验。

不打不骂，让孩子舒舒服服地听话

● 规则只针对孩子，孩子很难服气。

● 不合理的规则，很难实行。

❓ 底层逻辑

古人云："君子有所为，有所不为。"做人要懂规矩，知道什么能做，什么不能做。孩子出生时是一张白纸，他不知道什么叫"是非对错"，成长的过程中就需要家长给孩子立规矩，这样他才能在以后的生活中对自己的行为不断进行自我纠正，最终建立正确的是非观。

穷养富养不如有教养。有教养的孩子，因为家长从小教育得好，所以一举一动都表现得得体大方。

家庭生活中，管教孩子是最艰难的，有时是令人沮丧的。你无休止地告诉他，不准打人、不要拿别人的东西、不要踩水、不要浪费食物等，有时甚至动手打他，但他就是不听。尽管如此，家长还是要保持冷静。教育孩子需要智慧，虽然打一下、吼一声，可以暂时停止孩子的行为，但是长时间来看，并不能彻底纠正他的行为。因此，管教孩子也需要策略。

❗ 你可以这样说

坐下来与孩子面对面交谈，告诉孩子为什么要立这些规矩。

"孩子，我们立这些规矩是为了帮你养成良好的行为习惯，这样你才能更好地与人相处，更快乐地成长。"

立规矩是让孩子知道这是他应该遵守的，而不是家长要求他遵守的，不能将规矩直接变成命令。

"早睡早起对身体好，也有助于你第二天更好地学习和玩耍。所以，晚上我们要早点上床休息。"

同时，还要注重规矩的合理性和适应性，规矩要符合孩子的年龄和性格特点，不能过于苛刻或过于宽松。例如，对于孩子晚上早睡这个规矩，你可以给孩子解释规矩背后的原因，让孩子理解并接受。

"立的规矩我们要一起遵守，相互监督。"

立的规矩不仅是对孩子的要求，也是对家长的要求。所以，作为家长的你要以身作则，让孩子从你身上学到正确的行为方式。

🔸 反思

在给孩子立规矩时，家长除了要注重规矩的合理性，还要有奖惩分明的原则，用温和的态度引导孩子遵守规矩。当孩子遵守规矩时，家长要及时给予肯定和鼓励；当孩子违反规矩时，家长要适当对孩子进行批评，并指出如何改正。

除此之外，孩子的思想和行为还会受家长的价值观和家长身体力行的影响，所以，家长更要以身作则遵守规矩，成为孩子的榜样。只有遵守规矩，我们才能与他人和谐相处，共同构建一个良好的社会秩序。

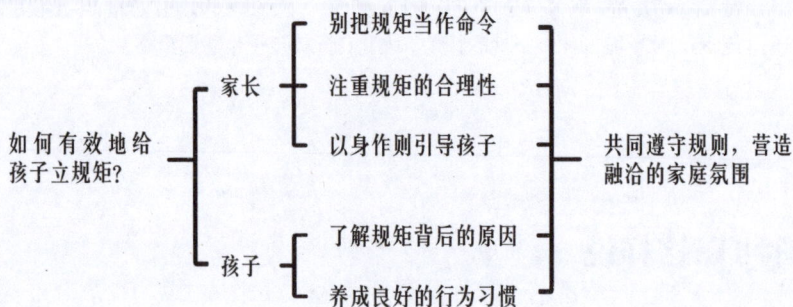

如何有效地给孩子立规矩?
- 家长
  - 别把规矩当作命令
  - 注重规矩的合理性
  - 以身作则引导孩子
- 孩子
  - 了解规矩背后的原因
  - 养成良好的行为习惯

→ 共同遵守规则，营造融洽的家庭氛围

❤ 治愈父母

小时候，你家里有没有什么你不能理解的规矩呢？当时的你是不是也在想，为什么父母不给自己解释为什么要遵守那个规矩呢？那么现在的你理解自己的孩子了吧。孩子的理解能力和自我控制能力，相对成人来说都稍弱一些，所以，培养孩子懂规矩的时候，我们不能心急，要根据孩子的理解水平逐渐给孩子立规矩，可以先从简单易懂的开始。千万不能因为孩子小，以为他不懂这些道理，就不做解释。我们可以耐心地把道理给孩子讲清楚，而不是"权威式"地简单粗暴地命令孩子："我是你妈，我说了算！你必须听我的！""权威式"的话语显然没有什么说服力。

不许打儿子!

规矩是用来遵守的，不是用来破坏的！

● 你破坏规矩，孩子也会跟着学。

只许爸爸放火，不许儿子点灯！

● 你想惩罚孩子，结果也惩罚了自己。

我以后一定按时睡觉。

终于知道错了。

❓ 底层逻辑

孩子容易冲动，情绪不稳定，充满不确定性。当孩子破坏规矩时，家长先不要怪孩子不够自律，或许可以从别的角度看待问题。

很多家长没有意识到，规矩从来不是只针对孩子的。孩子没有好好遵守规矩，重要原因正是家长自己没有坚持按规矩做事，具体表现在：家长带头破坏规矩，家长对规矩朝令夕改。

首先，家长如何对待规矩，会影响孩子对待规矩的态度。例如，约定好了玩手机的时间，孩子乖乖遵守了，家长却整天盯着手机，孩子自然会心生不平。家长在孩子面前破坏了规矩，孩子就很难对规矩保持敬畏了。

其次，如果孩子一哭闹你就妥协，那规矩也没办法实行。孩子的哭闹是对你的试探，只要你动摇了，朝令夕改，那么规矩就对孩子没用了。

❗ 你可以这样说

父母如果用对了方法，孩子就会遵守规则。了解了问题的关键，你可以对孩子这样说：

"我知道你想看电视，但是咱们约定好了回家要先写作业，等你写完作业我陪你一起看电视，好吗？"

规矩的实施，要坚定而又不强硬，不因孩子的哭闹而轻易改变，循循善诱，因势利导。

如果孩子好好遵守了规矩，你一定不要吝啬自己的夸赞：

"说好了吃饭的时候不看电视，你这几天吃饭的时候都在专心吃饭，太棒了！我就知道你可以做到！"

孩子遵守规则后获得了正向的反馈，情绪价值得到满足，就会更愿意遵守规矩。

除此之外，你还可以让孩子一起参与制订规矩：

"我们需要约定一个你每天看电视的时间，你觉得自己每天看多久的电视合适呢？一个小时，还是两个小时？"

自己参与制定的规矩，孩子会更愿意主动遵守。

✐ 反思

孩子擅长学习、模仿，不论有没有给孩子定规矩，长辈都要注意榜样的力量。在家里，孩子的榜样就是这个家里的每一个大人，比如孩子的爷爷奶奶、姥姥姥爷。这些长辈的行为都被孩子看在眼里。如果长辈在做的事情没有被其他人质疑，那么在孩子的心里，这件事就是可以做的；如果长辈在做的某件事被其他人制止，孩子也就明白这件事是不可以做的。

规矩的存在是为了让孩子养成良好的习惯，家长如果把遵守规矩当作目标，就本末倒置了。

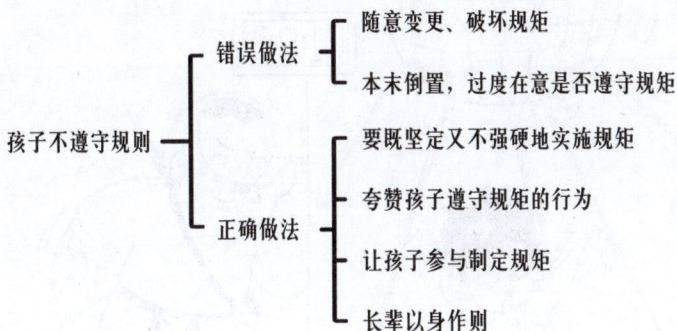

```
                    ┌ 错误做法 ┬ 随意变更、破坏规矩
                    │          └ 本末倒置，过度在意是否遵守规矩
孩子不遵守规则 ┤
                    │          ┌ 要既坚定又不强硬地实施规矩
                    │          ├ 夸赞孩子遵守规矩的行为
                    └ 正确做法 ┤
                               ├ 让孩子参与制定规矩
                               └ 长辈以身作则
```

♥ 治愈父母

随着孩子慢慢长大，我们发现当初那个黏着自己的婴儿似乎逐渐变成了不吼就不听、不叫就不动的麻烦儿童。可是对孩子吼完、叫完，自己又会觉得对孩子太凶了，不知如何安放满心的愧疚。

或许可以试着调整一下自己的心态。要承认，我们无法控制孩子的行为，但是可以控制自己的行为。在教育孩子时，我们可以试着做出改变，用更科学的方法取代原本的吼和叫。这就如同我们和孩子在跳一段双人舞，我们先调整舞步，改变了节奏，孩子就会慢慢跟着调整舞步。

晚上不睡早上不起，怎么打赢睡眠拉锯战？

●孩子一个人睡觉，总是要"作妖"。

01:00

●想要孩子起床，使尽十八般武艺。

哐

❓ 底层逻辑

孩子晚上不睡觉，一到早上，上学都快迟到了，却怎么都喊不起来。这混乱的睡眠生物钟，很难不让家长着急上火。睡得太晚的危害无须多言，不仅不利于孩子记忆力、免疫力的提高，还可能阻碍生长期孩子的身高增长。孩子究竟为什么不愿意早点睡觉呢？原因有很多种：

> 可能是孩子没有时间观念，对什么时候睡觉、什么时候起床这样的事没有概念。

> 也可能是孩子白天休息太多或运动量不够，到了晚上精力过于充沛，迟迟睡不着。

> 还有可能是孩子想要通过晚睡、晚起的方式，获得父母的关注，因为这样父母每天都会在固定的时间关注他。

了解了孩子晚睡的原因，就可以和孩子进行对话了。

❗ 你可以这样说

针对孩子缺乏时间观念，可以这样和孩子说：

> "爸爸妈妈送你一个小闹钟，你可以用它来看看你做各种事分别用了多长时间。等到闹钟响了，就该去睡觉啦！"

闹钟可以加强孩子对时间的感知，固定时间响起的闹钟，能够培养孩子在固定时间睡觉的习惯。

针对孩子晚上精力充沛，可以这样和孩子说：

> "是不是白天睡太久啦？明天白天试着少睡一会儿，和朋友一起去玩你最爱的小篮球吧！"

父母在孩子不困的时候不勉强他睡觉，但是以后要让他在白天多消耗一些精力，这样到晚上他就能很快睡着了。

针对孩子因想要获得关注或受到家长作息影响而导致的晚睡，家长可以在孩子睡前陪他做一些肢体游戏，比如，比一比谁的胳膊长；可以为孩子营造一个良好的睡眠环境，比如关灯，然后假装和孩子一起睡觉。

◗ 反思

对孩子来说，睡眠时间一旦够了，就不会继续躺在床上。因此，孩子晚上睡觉的时间非常重要。从孩子身体成长发育的角度来说，6 ~ 13 岁的孩子每天要睡足 9 ~ 11 个小时。

家长在保证睡眠时间的同时，也要给孩子营造良好的睡眠氛围：睡前可以和孩子有些互动，但是尽量不要带孩子嬉笑打闹，否则会使孩子更加兴奋；也可以给孩子放一些轻松的音乐，或给孩子讲睡前故事。

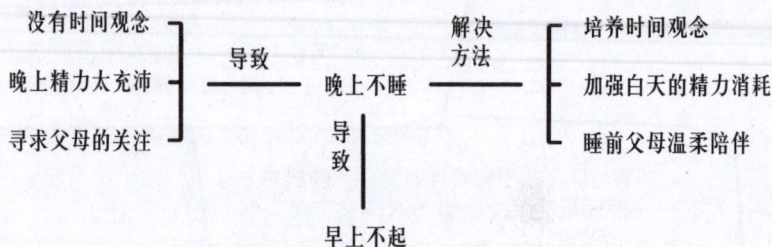

没有时间观念				培养时间观念
晚上精力太充沛	导致	晚上不睡	解决方法	加强白天的精力消耗
寻求父母的关注				睡前父母温柔陪伴

导致

早上不起

♥ 治愈父母

你是不是也会和你的孩子一样，有晚上不想睡觉的时候？熬夜现在已经成为很多人的常态。没办法，每天辛辛苦苦上班，下班回家还要陪孩子，没有一点儿属于自己的时间，就只能趁夜晚的时间放松一下。但这一段自由的时光，要付出牺牲身体健康的巨大代价。熬夜给人带来了黑眼圈、耳聋耳鸣、皮肤粗糙、记忆力下降、抵抗力下降等问题，正可谓"一时熬夜一时爽，天天熬夜身体伤"。下次哄孩子睡觉时，家长不妨试试和孩子一起早睡，早睡后的早起时光，说不定能让你一天的能量翻倍。

老人没有边界感，隔代亲就变成了溺爱

● 如果不及时制止老人的错误行为，隔代亲就慢慢变成溺爱。

● 没有边界感的老人让教育陷入困境。

❓ 底层逻辑

许多父母一边因为工作的原因需要老人帮忙带孩子，缓解工作和生活的压力；一边因为老人的介入影响了原来小家的关系，对老人抱有看法。你眼中老人对孩子的溺爱真的是"溺爱"吗？面对"溺爱"应该如何化解？首先，我们要弄清楚这几点：

1. 老人溺爱孩子的心理

有的老人年轻时无论是物质上还是精神上，都没有对子女投入过多，然而对孙辈却加倍疼爱。这背后隐藏着三种动机：

一是社会价值感的缺失。老人退休之后，子女有了自己的小家，不论是社会还是家庭似乎都不需要他们了。为了找到自己的社会价值，他们通过"溺爱"孙辈获得感情回应。

二是为了掌握话语权。随着年轻人逐渐承担起家庭责任，老人的话语权会逐渐下降。通过溺爱孙辈、帮助孙辈做决定，老人能找回部分话语权。

三是代偿心理在作祟。有的老人年轻时因为工作繁忙或物资匮乏等原因，忽视了子女的成长，想要通过满足孙辈的愿望来弥补对子女的亏欠。

2. 如何正确看待"溺爱"

人们对老人溺爱孩子的评价标准也许不太一样。有的人觉得孩子在公共场合打闹，老人坐视不理是溺爱；有的人觉得老人帮孩子做作业、满足孩子的无理要求才算溺爱。由此可见，"溺爱"这一评价其实带有主观色彩。

有些老人确实会过度宠爱孩子，但有些父母主张严格教育孩子，在看到老人正常疼爱孩子时，也会做出"溺爱"的评价。所以，对于老人"溺爱"孩子这件事，我们需要具体情况具体分析。

3. 父母与老人的教育争夺让孩子陷入混乱

父母在对孩子进行教育的过程中，如果没有厘清家庭关系，一味否定老人对孩子的"溺爱"，就容易出现这样的情况：孩子听了老人的话，父母觉得不合理而直接提出反对；孩子听了父母的话，老人又觉得自己不被需要而感到委屈，从而使家庭陷入纷争。孩子身处老人与父母的"教育争夺大战"中，很容易感到混乱和无所适从。

❗ 你可以这样说

在应对老人溺爱孩子这件事上，父母要明白，除了"溺爱"本身的问题，还有因为对"溺爱"的看法不同而形成的家庭关系的矛盾，我们不仅要解决浅层的"溺爱"问题，还要试着解决这一家庭关系的矛盾。

解决"溺爱"的问题，首先要厘清家庭关系。对老人，你可以这样说：

"我回来啦，接下来就由我来照顾小孩吧，累了一天，真是辛苦爸妈了！"

要在尊重老人的基础上，态度不卑不亢，不能过于强硬，也不能没有自信。通过这种含蓄的暗示，父母可以找回对孩子的话语权，厘清家庭关系的边界。

"爸妈，你们现在有时间吗？正好孩子睡着了，我们商量一下对孩子的教育，统一一下战线，你们看可以吗？"

家庭关系错综复杂，让孩子不知道该听谁的，但不论是老人还是父母，都是希望孩子好。所以，找个时间与老人统一教育意见，可以尽量减少因为家庭关系错乱对孩子产生的影响。

"你们在疼爱孙子（孙女）上已经做得很好了，真的很感谢你们！但我们也希望你们不要有太多顾虑，对他们严厉一些，这样他们以后才能更好地适应社会。"

先肯定老人的付出，再提出溺爱可能对孩子成长产生的影响，相信真正疼爱孩子的老人在经过这番谈话之后会有所改变。

对孩子，你可以这样说：

"无论你提出什么要求，爷爷奶奶都无条件满足，可以告诉我你的感受吗？"

给孩子提建议前要先问清楚孩子的想法，才能"对症下药"。

"你知道吗？爸爸妈妈小的时候，爷爷奶奶和外公外婆对我们可严格了，正是因为他们的严格才督促着我们进步，让我们成为一个优秀的人。"

让孩子知道老人其实懂得如何正确教育孩子，只是因为对孙辈的喜爱才尽可能满足他们提出的各种要求。这样才能让孩子在享受长辈宠爱的同时也接受长辈严格的要求和督促。

🔖 反思

　　心理学中有一个术语叫做"代偿心理"，它可以分为自觉的和盲目的两种。自觉的代偿指一个人知道自己的短处和缺点所在，可以做到扬长避短。盲目的代偿指一个人因并不清楚地了解自己的短处和缺点，往往导致过分代偿。很多老人过度溺爱孩子的行为其实是一种代偿的冲动，下意识地以"给予满足"来获得自己心理上的满足。或许，我们可以给予老人一些关心和理解，然后再客观地与他们沟通孩子的教育问题，相信这样他们也会客观看待"溺爱"这件事。

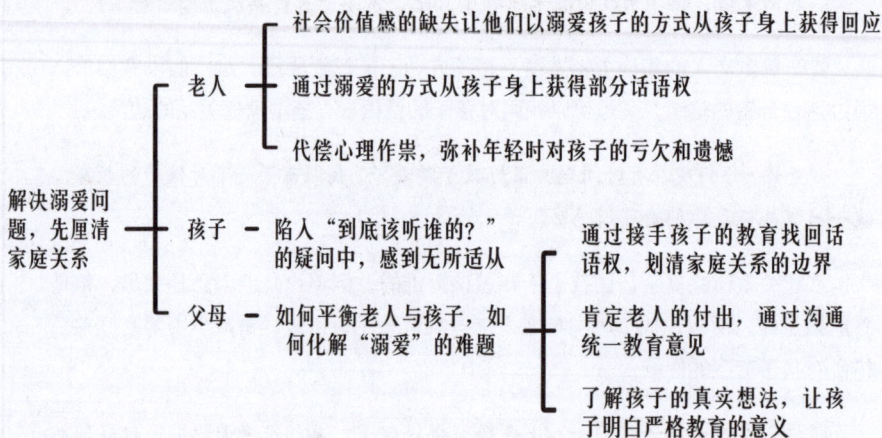

```
                          ┌── 社会价值感的缺失让他们以溺爱孩子的方式从孩子身上获得回应
                 ┌── 老人 ├── 通过溺爱的方式从孩子身上获得部分话语权
                 │        └── 代偿心理作祟，弥补年轻时对孩子的亏欠和遗憾
                 │
解决溺爱问        │        ┌── 陷入"到底该听谁的？"        ┌── 通过接手孩子的教育找回话
题，先厘清 ──────┼── 孩子 ─┤   的疑问中，感到无所适从     │   语权，划清家庭关系的边界
家庭关系         │        └──                           │
                 │                                       ├── 肯定老人的付出，通过沟通
                 │        ┌── 如何平衡老人与孩子，如      │   统一教育意见
                 └── 父母 ┤   何化解"溺爱"的难题 ────────┤
                          └──                           └── 了解孩子的真实想法，让孩
                                                            子明白严格教育的意义
```

♥ 治愈父母

　　你是不是被爷爷奶奶宠爱着长大的呢？你是否也很享受提出的任何要求都被满足的感觉呢？当时的你享受着被溺爱的好处，无法理解父母的担忧，但现在的你为人父母，深刻明白溺爱会给孩子带来怎样的伤害，于是对"溺爱"两字如临大敌。平衡一个家庭的关系并不容易，但老人与子女并不是仇人，其实大多数的矛盾都来自不理解、不沟通。我们需要给家人多一些包容和理解，如果用温柔的态度代替冰冷的言语，就能化解生活中的大部分难题。

灵魂拷问：为什么别人可以，我不行？

●面对孩子的"十万个为什么"不知道该怎么回答。

●每一次的否认，都会掐灭孩子成长的火苗。

❓ 底层逻辑

孩子可能经常会问"别人可以调皮捣蛋,我为什么不可以?""别人可以吃零食、喝可乐,我为什么不可以?""别人都不上兴趣班,我为什么要上?"等这样的问题。孩子为什么会问这类问题呢?这是因为孩子正处于不停学习和成长的时期,很容易受到周围环境的影响。

家庭里的环境往往更容易被维持得很正面,父母会要求孩子守规矩、懂礼貌。但父母费尽心思让孩子在家里养成的一系列好习惯,可能会被孩子接触的外界事物毁于一旦。比如看到有的孩子说脏话、有的孩子不高兴就打人,看到有的孩子被父母娇惯,可以整天玩手机、打游戏……这样的场景会颠覆孩子原来的认知,让他们觉得原来可以这样啊!这就可能激起他们强烈的好奇心,他会想:为什么别人可以,我不行?

孩子提出这样的问题并不是没有道理,这恰好说明孩子长大了,会独立思考了。孩子提出问题是在进行比较,他们想要一个答案,想要一个合理的解释,而不是命令式的压制。

❗ 你可以这样说

面对孩子的问题,父母可以这样回答:

"你觉得他们的做法是对的吗?你有没有想过这么做会有什么不好的结果呢?"

父母不要急着去否定孩子,要引导他动脑筋思考。要让他知道,别人的行为可能本来就是错的,他没必要学习别人不好的行为。同时,也是在告诉孩子,如果这样做会引起糟糕的后果,那你需要仔细想想,要不要承担这样的后果或风险。

"可以给爸爸妈妈讲讲你为什么会这么问吗?"

"如果别人的行为是好的,爸爸妈妈也是会支持你的,但别人的行为是坏的、错误的,你就不应该去学哟!"

父母可以把自己放在一个中立的立场来和孩子讨论这件事,引导孩子更多地关注自己而不是别人。很多时候,亲子之间的问题,需要父母引导孩子去思考,而不是父母先有一个定论,从正面管教来说服孩子。

● 反思

当孩子问"为什么别人可以，我不行"时，这反映了他们可能正面临着挫败感、比较心理或是对不公平的感知。作为父母，我们要耐心倾听、理解孩子的情绪，不要急于给出答案或评判；可以先了解孩子为什么会提出这个疑问，通过给孩子解释不能这么做的原因、这么做会导致的后果等，帮助孩子形成自己的思想和观念。这样才能帮助孩子建立积极的自我认知，他即使之后再遇到这样的问题，也能独自思考，在没有任何人看到或没有惩罚、奖励的情况下，仍然能坚持自己的原则，以积极的态度去解决问题。

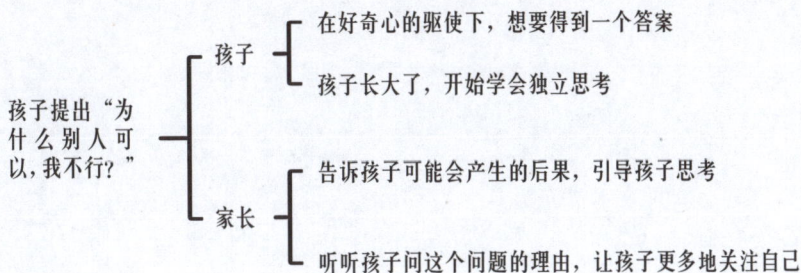

孩子提出"为什么别人可以，我不行？"
- 孩子
  - 在好奇心的驱使下，想要得到一个答案
  - 孩子长大了，开始学会独立思考
- 家长
  - 告诉孩子可能会产生的后果，引导孩子思考
  - 听听孩子问这个问题的理由，让孩子更多地关注自己

♥ 治愈父母

你小时候有没有过逆反心理呢？父母越不让你干的事情，你是不是越想干，越是想刨根问底地知道为什么这样做是不对的。但父母给你的回答却是"你问题也太多了吧！""他那样做就是不对的，哪有那么多为什么啊！"这样的回答可能让你很受伤。那么现在，当你的孩子跟你一样问出这类问题的时候，你可以耐心地倾听孩子的想法，引导孩子和你一起思考，帮助孩子真正认识到为什么不可以这么做，从而得到一个让孩子从内心深处接受的结果。

02 · 校园生活 ·

家有爱和老师顶嘴的"混世魔王"，该如何管教？

● 惩罚孩子前，想一想"为什么明知不对，他还故意这样做"。

● 比起班里的"小透明"，他更想成为"混世魔王"。

? 底层逻辑

在学校里，老师代表着"权威"，孩子挑战"权威"往往能够在学校里获得大家的关注。

通常，有以下特征的孩子会通过与老师顶嘴的方式来博取关注：

自尊心很强。当老师批评孩子某一方面不行时，他们会通过"我只是不想学，而不是我不行"来证明自己的能力。具体表现为故意在成绩较差的学科课堂上睡觉、故意不写这一学科的作业等。

本身没有特别突出的特长。这类孩子不论是成绩还是身高等方面在同学中都很"平常"，但他们又希望自己得到关注，因此就会选择与老师顶嘴这种方式让老师和同学们注意到自己。

家长的要求过于严格。有些家长总是批评孩子，孩子很难从家长这里获得赞美和认同，于是只能选择从别处获得关注。

! 你可以这样说

当得知孩子在学校经常与老师顶嘴后，先不要急着教育孩子，应该以尊敬的态度先问一问老师，具体了解一下孩子顶嘴的原因、在课堂上的表现以及孩子与同学们的相处情况等，孩子感受到你的态度之后也会学着尊重老师。了解原因之后再展开与孩子的对话：

"我知道你这样做一定有你自己的理由，可以告诉我吗？"

先站在孩子的立场安抚孩子的情绪，用"我理解你"等话语开头，能让孩子放下防备，对你敞开心扉。

"你是不是不喜欢现在的学习环境呢？你可以告诉我们，我们会尽力帮助你的。"

不要指责孩子，而要弄清孩子真正的期待是什么，然后尽力帮孩子解决问题。

"如果在课堂上有问题，可以下课后单独找老师沟通。如果有人随意顶撞你，相信你也会不舒服吧。"

让孩子学会换位思考，体谅老师的难处，从而让他尊重老师。

◗ 反思

其实，孩子不爱听课、总和老师顶嘴等行为，是一种典型的心理防御机制。心理防御机制是指个体面临挫折或冲突的紧张情境时，在其心理活动中具有的自觉或不自觉解脱烦恼、减轻内心不安，以恢复心理平衡与稳定的一种适应性倾向。常见的心理防御机制有否认、隔离、压抑、合理化、升华、幽默等。孩子以不听课的方式证明自己某科成绩不理想只是因为自己不想学，而不是能力不行，这种"合理化"行为的体现就是个体在生活中习得的某些应付挫折的反应方式之一。

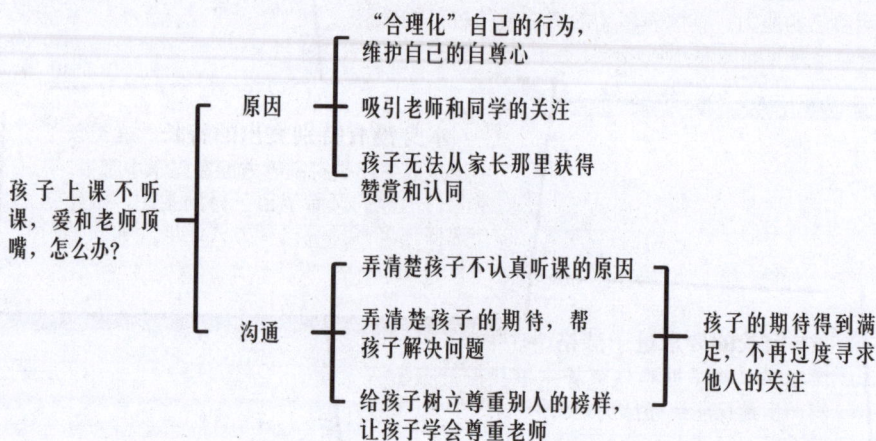

孩子上课不听课，爱和老师顶嘴，怎么办？
- 原因
  - "合理化"自己的行为，维护自己的自尊心
  - 吸引老师和同学的关注
  - 孩子无法从家长那里获得赞赏和认同
- 沟通
  - 弄清楚孩子不认真听课的原因
  - 弄清楚孩子的期待，帮孩子解决问题 → 孩子的期待得到满足，不再过度寻求他人的关注
  - 给孩子树立尊重别人的榜样，让孩子学会尊重老师

♥ 治愈父母

学习历史时，有一种说法叫做"历史的局限性"。我们成长的时代与父母成长的时代不一样，不可否认，无论是父母还是我们，本身都具有"时代的局限"。父母以他们局限的方式教育你，或许忽视了某个时期的你，这让你自己成为父母之后，一边要忙着缝缝补补治愈自己，一边又要小心谨慎，害怕孩子重蹈自己的覆辙。或许我们可以在治愈自己、教育孩子时，顺便"捡起"父母遗落的道歉，弥补自己儿时的遗憾。

孩子在学校犯错，父母被老师"叫家长"

● 你怎么做，孩子就会怎么做。

● 没有正向的引导，孩子不知道怎么改。

❓ 底层逻辑

有些父母因孩子在学校犯错被老师叫到学校，父母可能会疑惑：孩子在家表现得可乖了，怎么到学校就变成这样了？孩子在学校犯错，一般是上课做小动作、下课和同学打闹，再严重一点就是对老师撒谎，更严重就是欺负（甚至霸凌）同学。

在管教孩子的错误行为之前，我们首先应该弄明白孩子在学校犯错的原因。

像"做小动作""和同学打闹"这类行为，一般是因为孩子在家里深受宠爱，长辈过分照顾，对孩子的管教和约束较为宽松，使孩子养成自由散漫的习惯。到了学校后，孩子散漫的习惯没有改变，从而犯 些"小错"。

而对于"撒谎""欺负同学"这类严重的行为：从父母层面来说，孩子一般不会自发产生暴力行为，孩子的举动极有可能是向家中长辈学习的；从孩子层面来说，孩子如果获得的关注、关心不够，就很容易采取"犯错"的方式，以引起老师和父母的注意。

了解了孩子犯错的原因，和孩子沟通起来就容易多了。

❗ 你可以这样说

下一次被老师叫到学校后，你试着心平气和地和孩子说：

"老师说你最近乐于帮助同学，可以跟爸爸妈妈讲讲你在学校都做了些什么吗？"

不提孩子的负面行为，而是"翻"到正面，表扬孩子正向的行为。这样孩子知道自己做了值得表扬的事，也能够获得关心，就会更愿意去做一些正面的行为。

"老师说你上课越来越认真了，可以给爸爸妈妈讲讲你上课的感受吗？"

注重孩子的"感受"，而不是"行为"，能够让孩子更清晰地感受到父母不是在"指责"他，而是在"关心"他。这样孩子会更主动地顺着父母的期待，做出更多正向的行为。

带孩子远离有错误行为示范的环境，发现并放大孩子的正面行为，可以有效引导孩子往更积极的方向发展。在和孩子有效沟通过后，不妨趁着亲子氛围正好的时候告诉孩子，要遵守学校的规则，有些行为在学校这类公共场合是不适合的。

反思

孩子在学校的很多"小毛病"，大多是因为把家里自由散漫的习惯带到了学校。在纠正孩子行为的时候，不要忘记培养孩子的边界感，让孩子能够区分"内外"。

边界感一般指对界限的判定或重视程度，在意识层面分清楚"自己"和"他人"，也对"个人空间"和"公共场合"进行区分。健康的个人边界，是对自己的行为和情绪负责，在确保我们不会因为别人越界而受到侵犯的同时，避免我们因为越界而侵犯他人。

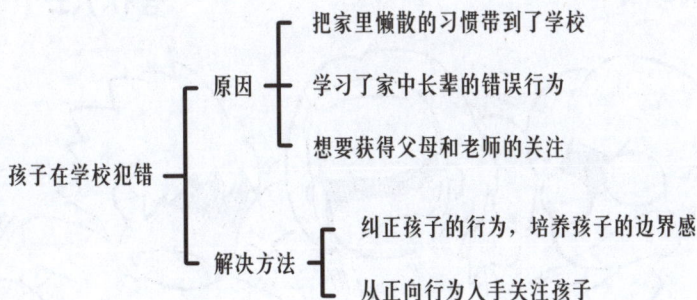

```
                          ┌── 把家里懒散的习惯带到了学校
                 ┌── 原因 ┼── 学习了家中长辈的错误行为
                 │        └── 想要获得父母和老师的关注
孩子在学校犯错 ──┤
                 │              ┌── 纠正孩子的行为，培养孩子的边界感
                 └── 解决方法 ──┤
                                └── 从正向行为入手关注孩子
```

治愈父母

小的时候，你是老师和父母眼中的好孩子吗？有没有被老师叫过家长？儿时的你，会不会好奇老师对你的爸爸或者妈妈说了些什么？老师是向他们表扬你，还是会批评你呢？每一个孩子面对父母和老师的碰面，都是忐忑的。也许孩子并不是真的想犯错，只是不知道在学校应该怎么做；也许孩子是为了获得老师和父母目光的短暂停留。了解原因之后，你在听到孩子在学校犯错的那一刻，是不是可以先深呼吸，把到嘴边的批评、指责先收回去呢？

收到孩子爱告状的第 N 条消息，头都大了！

● 因为喜欢告状而得罪同学，被孤立。

马屁精

间谍

告状大王

● 告状也许是在求助，不要一味否定。

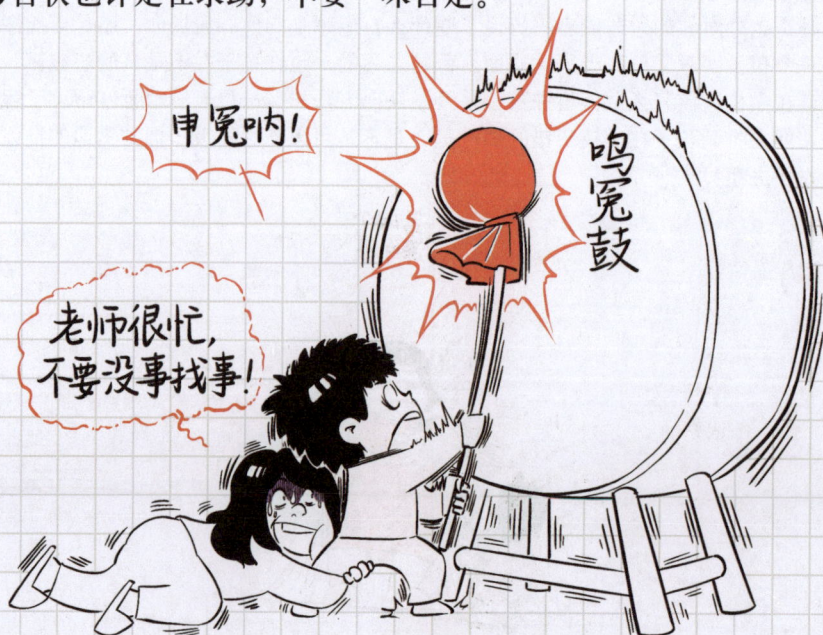

申冤呐！

鸣冤鼓

老师很忙，不要没事找事！

❓ 底层逻辑

不论你是从老师还是从其他孩子那里得知"孩子喜欢向老师告状"这件事情，恭喜你，至少说明你的孩子有两个优点。

一是具备主动寻求帮助的能力。一个班有几十个孩子，孩子之间很容易发生摩擦，小至不小心踩到了别人的脚，大至校园暴力，都可能成为孩子"找老师告状"的理由。近年来，恶性伤人事件屡见不鲜，孩子拥有求助的能力，能让老师和父母及早知道孩子的情况，避免校园暴力等恶性事件的发生。

二是非常自信且愿意相信老师。自信的孩子通常敢于表达自己的观点，不惧怕比自己力气大或"地位"比自己高的人。这也说明孩子很信任老师，这是值得鼓励的。

所以，当得知"孩子喜欢向老师告状"这个消息时，先别急着反思自己，也别急着批评孩子，可以从以下几个方面着手与孩子沟通。

❗ 你可以这样说

如果是老师告诉你孩子喜欢告状，先要问一问老师，孩子是因为什么事情告状，然后了解一下孩子的近况，再与孩子进行对话。

通过老师得知的，可以这样说：

"我听老师说你与班上的××同学产生了矛盾，可以告诉我为什么吗？"

态度平和，不要批评和指责孩子，以免引起孩子的抵触情绪。解决问题时可以说"你知道老师是怎么看待这件事的吗？"培养孩子从另一个视角看待事情的能力。

如果是别的孩子告诉你的，可以这样说：

"别的孩子跟我讲了一些关于你的事情，但我还是希望听听你的想法，你能跟我说说是怎么一回事吗？"

不要一听到别人告状就第一时间质疑和批评孩子，可以先问一下孩子对这件事的看法，作为父母，你应该坚定地站在孩子那边。

最后，针对告状这件事，再对孩子说：

"你能够自己思考问题，并大胆地告诉老师，这很好。但很多时候我们只看到事情的一面，做出的评价并不一定是对的，可以先去了解一下真实的情况。"

先表扬孩子做得对的地方，再将他的注意力引导到"正确的事"上，而不是强调"告状"这件事。

◗ 反思

　　父母是孩子的第一任老师，孩子对这个世界的认识主要受父母的影响。当孩子咿呀学语时，父母是孩子的全部，父母对孩子说的任何话都被孩子奉为圭臬；当孩子步入青春期，刚开始独自接触社会时，他们会模仿父母待人接物的方式与朋友、同学相处；青春期以后，孩子要融入社会，他们会把与朋友之间的关系放在第一位，这个时候，父母不应过多干涉，而要尊重孩子，帮助孩子形成积极正向的价值观。不论什么阶段，一遇到问题就批评、质疑孩子并不能解决实际问题；反而包容孩子、营造轻松的家庭氛围能让孩子变得积极、自信。所以，改变其实很简单，快行动起来吧！

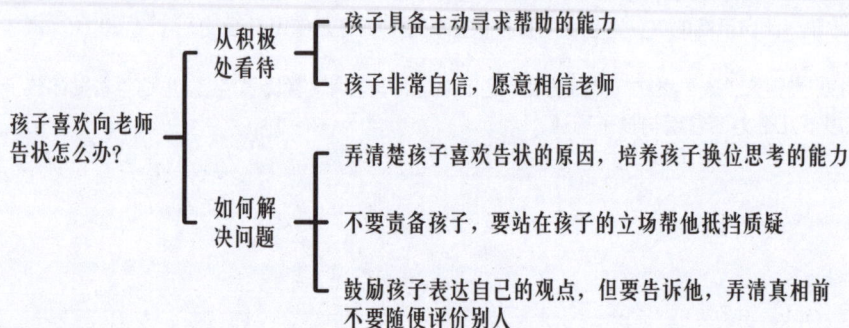

孩子喜欢向老师告状怎么办？
- 从积极处看待
  - 孩子具备主动寻求帮助的能力
  - 孩子非常自信，愿意相信老师
- 如何解决问题
  - 弄清楚孩子喜欢告状的原因，培养孩子换位思考的能力
  - 不要责备孩子，要站在孩子的立场帮他抵挡质疑
  - 鼓励孩子表达自己的观点，但要告诉他，弄清真相前不要随便评价别人

♥ 治愈父母

　　从前的父母因为"怕麻烦""不想惹祸上身"等心理，当他们听到"孩子喜欢找老师告状"这件事时，总是第一时间从孩子身上找原因。即使孩子是在求助，他们也本着"多一事不如少一事"的原则，让孩子"打落牙齿和血吞"。你是否就是那个小时候害怕跟老师对视，工作后不敢向领导提意见，惧怕权威的"孩子"呢？但是没关系，在孩子心中，你远比超人更强大。所以，挺起胸膛，为孩子抵挡成长中的暗箭和质疑吧，这也是与曾经自卑、胆小的自己和解。

我家孩子最近好奇怪，不会是被欺负了吧？

● 先进行询问，孩子的状态里藏着很多信息。

第一关 孩子到底怎么了?

头发乱糟糟

是摔跤了还是被打了?

早上给的钱,下午就没了

外面没有下雨,但衣服湿了

怎么鞋子还丢了一只?

线索栏
1
2
3
4
5

恭喜您已完成线索收集！请根据已知条件做出您的选择:
A.训斥、说教孩子 ✗   B.安抚孩子并耐心询问发生了什么 ✓

回答错误
获得成就：暴走喷火龙

每天回家都哭丧着脸,怎么回事?

❓ 底层逻辑

"校园霸凌"是一个非常敏感、严肃的话题，近几年关于校园伤害事件的新闻频频出现，父母们也越来越重视孩子在学校的情况，既担心孩子在学校里被人欺负，又担心孩子受了欺负却不敢和大人说。

孩子对于自己被欺负这件事，一般都是难以启齿的。一是害怕被父母训斥，二是不愿意面对被欺负的这段回忆。

孩子被欺负，一般有两种情况：

> 孩子和别的孩子偶然产生了一次冲突，冲突一般是针对某一件事或物，带有情绪性。

> 孩子遭遇长期、固定的"欺负"，一般是多人对孩子一人，且双方不是对等的冲突。这种情况对孩子的身体和心理都会造成巨大的负面影响，甚至可能导致可怕的后果。

所以为了避免孩子被欺负，家长应该做到：

1. 防患于未然

首先要保障孩子在校外的安全，尽量做到接送孩子上下学，保证孩子在上下学路上是安全的。其次要针对孩子的性格，引导孩子在学校的行为。如果是冲动、勇敢的孩子，要嘱咐他，不要欺负同学，更不要轻易和同学发生冲突；如果是温和、谦让的孩子，要嘱咐他，遇到麻烦可以主动向老师寻求帮助。

2. 时刻观察孩子的状态

其实孩子在学校有没有被欺负，都藏在了蛛丝马迹中。可以观察孩子回家的时候是开心、放松的神情，衣服干净整洁；还是神情沮丧的状态，衣服又脏又破；又或是神情或状态突然与平常格外不同。如果平时回家开朗活泼的孩子，某一天回家的时候突然不爱说话，面对你眼神躲闪，或者看着你欲言又止，不要漠不关心地等着孩子开口，要主动对孩子展开询问。

❗ 你可以这样说

对孩子进行询问时，首先要保持冷静。

有些父母可能神经比较大条，觉得孩子之间的矛盾微不足道，认为孩子的不对劲是在给自己"找麻烦"，还认为孩子之间的"小打小闹"很正常。

那么，这些父母对孩子说出的话就会像伤人的利器：

"怎么天天回家哭丧着脸？家里让你这么难受吗？"

"哭哭哭，一天天就知道哭！哭能解决问题吗？"

"怎么搞的，刚给你买的新衣服就弄脏了！你这孩子真不让人省心！"

这些话一句句戳在孩子的心上，让孩子感受到的只有父母的不耐烦。此时，若是孩子真的遇到被欺负的情况，反而会认为向父母求助是一件很让人"恐慌"的事，从而选择闭口不言。长此以往，后果不堪设想。

所以当发现孩子不对劲的时候，父母应该这样说：

"宝贝，你今天好像不太开心，是遇到了什么事吗？爸爸妈妈可以为你做些什么吗？"

温柔的话语能够有效安抚孩子的情绪，让孩子意识到父母是愿意倾听自己的。只有父母向孩子发出了"愿意帮助"的信号，孩子才敢大胆地向父母寻求帮助。

"身上怎么这么脏？快进屋，我带你去洗洗，有没有受伤呀？"

看见孩子状态不对的第一时间，一定要先关注孩子的感受，询问孩子有没有受伤。这样可以给孩子一个心理缓冲的时间，让孩子在平复好心情后，愿意主动向父母开口。

此外，在日常生活中，也可以适当询问孩子：

"今天学校里有没有发生什么有趣的事？"

"班里的同学和你关系怎么样？"

"课间的时候，你都和同学们做些什么？"

▶ 反思

　　父母想要了解孩子在学校是否被欺负，一定要从孩子的角度出发，考虑孩子对这件事的接受程度。父母既不能让孩子因为害怕被父母责备而不敢开口；也不能让孩子觉得"被欺负"是一件很丢人的事，从而不敢主动寻求帮助。

　　其实，父母想要避免孩子遭遇校园伤害，可以从另一个方向出发。父母可以培养孩子的人际交往能力、环境适应能力以及处理人际冲突的能力，同时也要培养孩子真诚、善良、智慧等优秀的品格，让孩子既不主动伤害别人，也不会轻易被别人伤害。

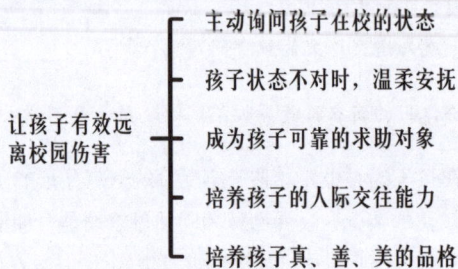

让孩子有效远离校园伤害
- 主动询问孩子在校的状态
- 孩子状态不对时，温柔安抚
- 成为孩子可靠的求助对象
- 培养孩子的人际交往能力
- 培养孩子真、善、美的品格

♥ 治愈父母

　　我们虽然是第一次做父母，但已经做过孩子了。在我们不知道该怎样处理孩子的这类问题时，或许可以试着想一想：在自己还是孩子的时候，我们如果受到欺负，委屈又害怕地回到家，希望父母怎么对待自己？我们肯定都希望父母能够安慰自己，帮助自己远离伤害吧。或许我们没有这么理想的父母，但是可以让自己成为理想中的父母。

　　校园暴力就像一个巨大的深渊，一旦身陷其中，就很难挣脱出来。所以，请尽己所能地保护好你的孩子，带他远离这一深渊；也请不要让他变成别人的深渊。

孩子每天在学校到底学了什么?

● 你问得越多，孩子离你越远。

● 过度追问，让孩子感觉自己被控制。

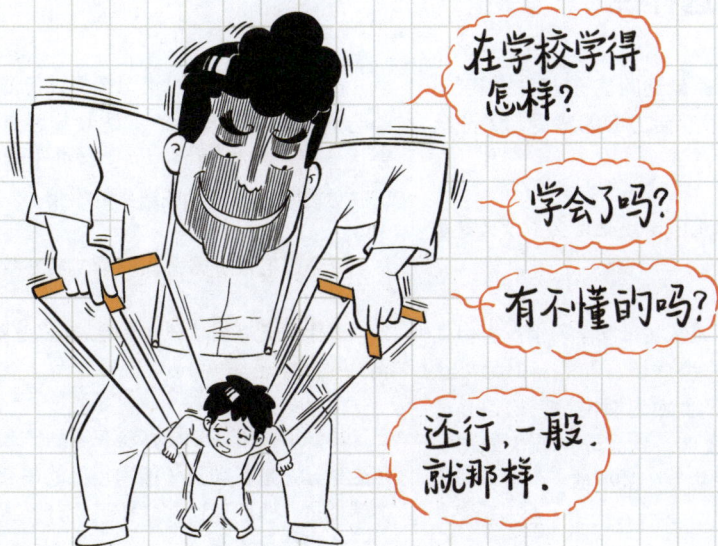

❓ 底层逻辑

孩子不愿意和父母分享他在学校里的事情，一般有两个方面的原因。

一方面取决于孩子的性格：比较内向且在学校相对安静的孩子，一般会觉得学校里没有什么特殊的事情，没有必要跟父母讲。

另外一方面是父母的原因：孩子本来是愿意分享的，但说了之后总是被数落，或者总是被说教，慢慢地他也就不愿意分享了。

父母一般都要问问孩子一天的情况，有些父母最爱问"作业做完没""今天考试考了多少分"，最后，话题在父母的斥责和孩子的闷闷不乐中结束。同样是打听孩子在学校的情况，我们可以改变询问的方式。比如，我们试着与孩子谈论今天在学校都发生了哪些比较有趣的事，慢慢地再转向询问孩子在学习中遇到的各种问题，这样孩子也会更轻松地回答。当父母把紧盯孩子一举一动的紧张心态，变成看其他的人和事物的平常心态时，孩子就有了放松的空间，也愿意和父母交流了。

❗ 你可以这样说

要避免一回家就追问孩子学习的情况，可以先询问孩子生活方面的感受，关注孩子的情绪。

"今天开心吗？学校里发生了什么有趣的事情吗？"

孩子虽然不愿意父母问学习情况，但几乎不会抗拒谈一谈学校有趣的事。如果这样问孩子，孩子会感到愉悦、轻松，心理上的防备也会放下，就会非常愉快地与父母谈论今天在学校发生的事情。

直接对孩子的课堂学习情况进行询问可能会遭到孩子的排斥，不妨收起好奇心，表达自己对孩子的关心。这有助于他们放松并更愿意分享在学校遇到的事情。

"今天有没有需要我们帮忙的事情？"

"你今天遇到了什么困难，可以告诉我，我们一起解决。"

父母用孩子在学校有没有遇到什么困难开启话题，是在向孩子传递自己的关心，让孩子知道：他们无论在学校遇到什么困难，都可以向父母求助。

◤ 反思

　　父母总是想知道孩子在学校发生了什么事，好的、不好的都想了解，以至于一放学就追着孩子问。但父母越是每天追着问孩子"在学校怎么样""作业完成得怎么样"这些学习问题，孩子越容易生出反抗之心，越不愿意和父母讲。相反，如果父母关心孩子累不累、开不开心等，孩子的话匣子就被打开了，开始和父母敞开心扉。所以在询问孩子一天的学习情况时，父母要避免过度干涉，需要让孩子感受到家长的关心和支持，而不是监督和批评。

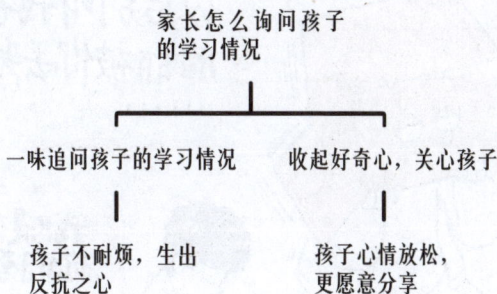

```
                     家长怎么询问孩子
                     的学习情况
              ┌──────────────┴──────────────┐
        一味追问孩子的学习情况          收起好奇心，关心孩子
              │                            │
        孩子不耐烦，生出              孩子心情放松，
        反抗之心                     更愿意分享
```

♥ 治愈父母

　　做父母的也都是从儿时过来的，也都经历了孩子成长所经历的身心发展阶段。想想小时候，父母对我们的学习情况问得是比较少的，大多时候靠我们的自觉。这种情况下，我们可以自己管理好自己的生活和学习。而现在，我们却出于对孩子的关心，想要了解孩子的一切情况，处处控制他，忘了给他一个"呼吸"的空间。所以，在询问孩子一天学习情况的过程中，我们要扮演倾听者的角色，要让孩子主导对话，自由分享他们的经历和感受。

孩子居然作弊，这一生还有救吗？

● 不明就里的批评是应对错误最失败的方式。

以后别叫我爸，脸都被你丢光了……

我只是想让你们夸夸我……

● 夸大孩子一时的错误，毁了孩子一生的前途。

作弊

❓ 底层逻辑

发现孩子考试作弊，其实大部分父母除了觉得丢脸之外，更加担心的是"作弊"对孩子带来的影响。

在我国，作弊被发现，影响可大可小。若孩子在普通测试中作弊，老师可能会选择大事化小，先通知家长，再对孩子批评教育一番，然后这件事就过去了。但孩子若在中考、高考、考研、"考公"等大型考试中作弊，不仅会被公开通报、批评，作弊行为还会被记录在档案中，成为一生的"污点"。有的孩子就因为一次作弊被处罚的经历，从此一蹶不振，彻底放弃了自己。

孩子作弊，通常是为了取得一个好的成绩，原因可能是父母过于关心学习的"结果"；也可能是孩子的自尊心作祟，想通过考得高分赢得父母或他人的关注。无论是哪一种原因，批评、指责孩子并给孩子贴上"品质问题"的标签都是不可取的，甚至会引起孩子的逆反心理，让孩子走上歧途。

❗ 你可以这样说

先反思一下，自己平时是否总跟孩子强调考试"结果"的重要性，孩子是否为了得到你的认可选择作弊。从这一点出发，为了杜绝孩子作弊的行为，可以这样跟孩子沟通：

"我知道你一直想成为一个优秀的人，但成绩好坏不是评价一个人是否优秀的标准。只要你努力了，结果怎么样并不重要，因为你在努力的过程中，已经有了收获和进步。"

不要只关注孩子的成绩，要用行动让孩子认识到"结果"真的不重要，努力的过程和"德、智、体、美"的发展才是评价一个人优秀的标准。

"我知道你这么做是想取得好成绩，但我更希望你面对真实的自己，考试只是为了测试你的学习情况，并不代表什么。"

沟通时，尽量不要给孩子的行为"定性"，不要提到"作弊""抄袭"等字眼。这样才能给孩子改过的机会，以免孩子陷入自我否定当中，从此一蹶不振。

"在学习上有什么需要帮助的吗？无论你遇到什么问题，爸爸妈妈都很乐意帮助你，我们希望与你一起进步。"

从"孩子作弊是想取得高分"这一点来说，孩子是对自己的成绩有要求，有上进心，只是方法用错了。父母要坚定地支持孩子通过正确的方式提升成绩。

♪ 反思

　　父母的态度和情绪决定孩子是被拯救的，还是被推入深渊的。研究情绪与记忆关系的科学家发现：情绪不好的学生记住的知识远远少于情绪好的学生。而孩子的情绪与家庭息息相关，父母站在孩子的立场上理解孩子，情绪稳定地与孩子沟通，孩子才会情绪稳定，才能被引向正确的路径；若父母因为孩子的一次错误就轻易把他定性为"坏孩子"，孩子也会产生自我否定的情绪，以致误入歧途。

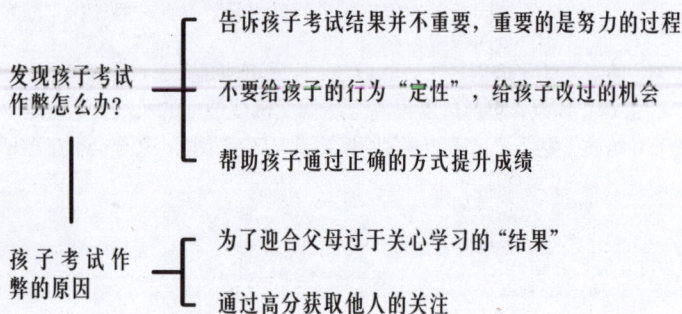

发现孩子考试作弊怎么办？
- 告诉孩子考试结果并不重要，重要的是努力的过程
- 不要给孩子的行为"定性"，给孩子改过的机会
- 帮助孩子通过正确的方式提升成绩

孩子考试作弊的原因
- 为了迎合父母过于关心学习的"结果"
- 通过高分获取他人的关注

♥ 治愈父母

　　你是这样的人吗？别人的一个眼神，你能琢磨一天；别人的一句话，你能难受一个晚上；想起二十年前作弊的事，还会脚趾扣地，羞愧到想钻地缝。这是因为你一直陷入自我否定和自我怀疑中。成长就是不断犯错又不断修复的过程，我们如果有小时候没有得到修复的"创伤"，可以尝试这样做：

　　1. 记录自己的每一个成就。多看看自己的成就，让自己朝着好的方向继续努力，而不是沉浸在自我否定的旋涡里。

　　2. 专注当下的力量。过去的事情已经过去了，减少胡思乱想；不思虑过多，就不会陷入自我否定和自我怀疑中。

别让孩子成为校园"受气包"

● 让孩子解决他无法解决的问题，就是在忽视孩子的求救信号。

● 转嫁保护孩子的责任，就是将孩子置于危险之地。

❓ 底层逻辑

　　"欺负"是中小学生之间经常发生的一种特殊类型的攻击行为。这种攻击行为大致可以分为三种。

> 一是身体上的攻击，用肢体打、冲、踢等而发生的攻击行为。

> 二是言语攻击，用谩骂、嘲讽、起外号或者嘲笑等方式来对他人进行攻击。

> 三是利用第三方的间接攻击行为，比如散布一些谣言、孤立某些同学等。

　　作为父母，我们有责任确保自己的孩子在学校不受欺负。学校里，没有家长的陪伴，孩子需要独自面对同学、朋友，要学着与人交往。适应能力强的孩子，会在这个过程中成长；但也有一些孩子，因为适应不了，会变得行动畏缩、心情沮丧等。在这种情况下，没有一点儿生活经验的孩子，不知道被人欺负了该怎么办，也不知道东西被抢了要不要抢回来，更不知道什么情况下应该学会拒绝、直面伤害。孩子非常需要有人告诉他如何与人相处、如何保护自己。

❗ 你可以这样说

　　孩子在学校被欺负，第一时间告诉了身为父母的你，他是希望爸爸妈妈能够站在他的身边，帮助他，保护他，维护他。你可以这么说：

"别怕，我们永远是你的后盾，会一直支持和保护你的。"

　　我们要站在孩子的角度思考问题。孩子受了欺负，想躲在爸爸妈妈身后，希望爸爸妈妈能为自己做主。这个时候，我们不能推卸自己身为父母的责任，要站在孩子的身边，挺身而出做孩子的后盾，给予孩子支持和保护，让孩子相信你是在乎他的，不会让别人轻易欺负他。

"爸爸妈妈知道你被欺负了，很心疼你，有爸爸妈妈在，我们会帮你解决这件不好的事情。"

"爸爸妈妈会去了解清楚情况，以后再被欺负，一定要保护好自己，然后寻求我们的帮助。"

　　不要急着去指责孩子的不是，那样只会对孩子造成更大的伤害。我们要安抚孩子的情绪，然后第一时间了解事情经过，并寻求合理的解决方法，让孩子受到的伤害最小化。

⟩ 反思

　　每个孩子成长的道路都不是一帆风顺的，我们要让孩子知道什么是欺凌行为，也要让孩子知道自己如果遭遇了欺凌行为应该怎么办。欺凌者往往都是从一些小事入手，试探对方的态度，如果对方软弱、不敢反抗，那么欺凌者的行为往往会变本加厉，最终变得不可收拾。所以，我们要告诉孩子，受了欺负，既要有自己应对的能力，也要学会求助；要教会孩子勇敢地对校园欺凌说"不"，要懂得如何提升孩子的自我保护意识，要教会孩子用正确的方式保护自己。

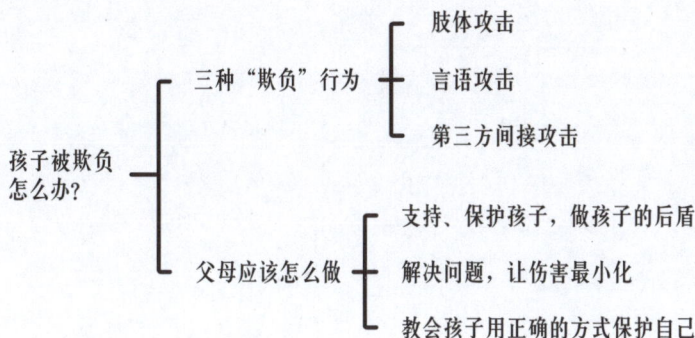

```
                                      ┌─ 肢体攻击
                    三种"欺负"行为 ──┼─ 言语攻击
                                      └─ 第三方间接攻击
孩子被欺负 ──┤
怎么办？
                                      ┌─ 支持、保护孩子，做孩子的后盾
                    父母应该怎么做 ──┼─ 解决问题，让伤害最小化
                                      └─ 教会孩子用正确的方式保护自己
```

♥ 治愈父母

　　回忆一下，你小时候有没有被别人叫过外号？有没有被高年级的学生欺负过？当时你的心情是怎样的？和你一样，当你的孩子被欺负时，他最大的心愿就是得到关爱和支持，他希望父母是站在他这边的，他渴望父母能够帮助他，给他勇气和力量去面对欺凌行为。所以，当孩子回到家跟你倾诉自己被"欺负"时，你先不要急着去评判是非对错，也不要忙着推卸自己的责任，可以先倾听孩子的想法，理解他的感受，然后帮助他一起解决问题。

03 · 学习情况 ·

"为什么每天都要上学"，你有答案吗?

● 一不小心就被孩子的问题绕进去了。

我为什么每天都要上学?

问得好,我为什么每天都要上班……

● 你跟他讲现实，没想到幼儿园学历的他对数字毫无概念。

要是能不上学就好了。

那可真是太好了!

校服省1000,学杂费省9999,兴趣班省10086

$$1000+9999+10086+……$$

❓ 底层逻辑

当孩子问我们"为什么每天都要上学"时，我们可以从这三个方面想一想。

> 孩子是不是在学校或在与同学的交往中遇到了不好的事情或难以解决的矛盾，从而逃避上学。

> 相较于"上学"，孩子是否有更想参与的有趣的活动。对于孩子来说，不想上学可能是因为有更有趣的事情吸引着他。

> 孩子是真的想获得答案，还是想通过提问向家长倾诉某件事情或吸引家长的关注。

当我们遇到不想做的事情时，我们也会下意识地问"为什么"，这其实是畏难情绪在作怪。有时孩子提出疑问，并不是真的想要从家长那里获得答案，而是遇到了问题，想要寻求帮助或关注。面对这样的情况，我们可以主动出击。

❗ 你可以这样说

变被动为主动，沿着问题主动询问，引导孩子袒露心声：

"咦，发生什么事了吗？你怎么会想到这个问题呢？"

这样的反问，既尊重孩子的疑问，又将问题轻松化，让孩子感受到父母包容的态度，化解孩子紧张的情绪，从而让孩子敞开心扉。

"哇，我都没有想过这个问题呢，发生了什么事情让你产生这样的疑问呢？"

孩子对于家长的焦虑是非常敏感的，引导孩子回答时不要带有期待、压力等情绪，专注聆听，将"回答孩子的问题"变成一场以孩子为主的亲子对话，引发孩子思考。

◗ 反思

　　总之，面对孩子提出的问题，家长不应感到紧张无措，因为孩子对你的焦虑情绪非常敏感，感受到你的紧张与抗拒之后孩子也会产生抵抗和焦虑情绪，亲子关系也会变得紧张起来。相反，面对"我从哪里来""为什么每天都要上学"这类奇怪的问题时，家长可以用简单的问题反问孩子，变被动为主动，引导孩子自己思考，成功化解"难题"。

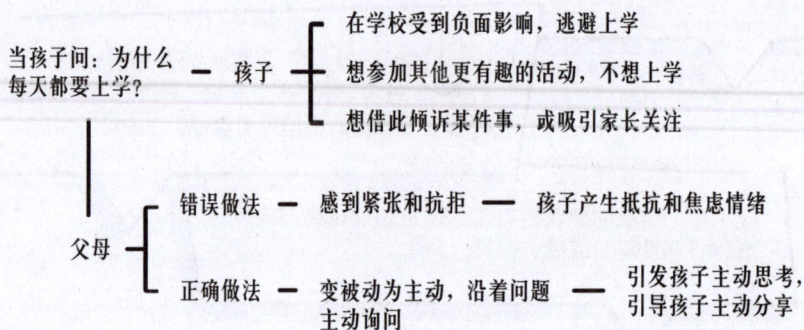

当孩子问：为什么 ── 孩子 ┬ 在学校受到负面影响，逃避上学
每天都要上学？　　　　　　├ 想参加其他更有趣的活动，不想上学
　　　　　　　　　　　　　└ 想借此倾诉某件事，或吸引家长关注

父母 ┬ 错误做法 ── 感到紧张和抗拒 ── 孩子产生抵抗和焦虑情绪
　　　└ 正确做法 ── 变被动为主动，沿着问题 ── 引发孩子主动思考，
　　　　　　　　　　　主动询问　　　　　　　　引导孩子主动分享

♥ 治愈父母

　　当你和孩子产生一样的疑问时，或许你曾经得到的答案是："哪有那么多为什么？吃饱了没事干就去洗碗。""不上学你以后怎么工作？不工作你怎么养活自己？你将来要啃老吗？"

　　人生没有标准答案，或许你曾得到的答案并不理想，也给不出孩子完美的答案，但理解与倾听可以腾出一些空间，让孩子自己去书写想要的人生，然后你就会发现，做父母也可以轻松和豁达。

怎么写个作业，跟完成任务似的？

● 先写作业再玩，好像有效……

● 但是为了玩，闭着眼睛写作业。

❓ 底层逻辑

现在的很多家长，有一个共同烦恼：为什么有的小孩写个作业拖拖拉拉、敷衍了事？

> 有的家长可能会说："我小时候就不这样，我那时候可自觉了，我的成绩可好了。"

> 但如果你问这个家长："那小时候，你的父母是怎么对你的？"

> 这些家长几乎都会统一地回答你："那时候，我爸妈根本不管我，全靠我自觉！"

根本的原因就在这里：孩子的行为不受管控，多是家长管得太多。家长和孩子的互动就如同一个天平，一边的重量大，往下压，另一边就会高高翘起，此消彼长。家长管的地方多了，孩子的自主性就弱了；家长放手少管一点，但同时又对孩子有适当的要求，那孩子向着目标前进的自主性就渐渐增强了。

❗ 你可以这样说

可以适当给孩子一些空间：

> "如果你要写作业，告诉爸爸妈妈，爸爸妈妈就不打扰你了。"

给孩子一个写作业的空间，而不是一味催促。这样孩子就不会产生对作业的抵触心理，更容易把作业当作一件自己必须完成的事情。

也可以从小处表扬孩子：

> "你今天的字迹非常工整，看来今天的作业写得很认真，真棒！"

明确的表扬让孩子产生成就感和自豪感，让孩子感觉开心。久而久之，在写作业这件事上，孩子就会自觉想要做得更好。

不要说"不许"：

> "写完作业以后，我陪你看你最爱的动画片吧！"

正向的表述能够产生正向的引导，如果你说"没写完作业不许看电视"，孩子会认为只有"完成作业"才能"看电视"，为了看电视就会对作业敷衍了事，不考虑质量，只看速度。

◗ 反思

贪玩是孩子的天性，如果只注意到孩子的不足之处，劈头盖脸地批评和唠叨，就会促使孩子向更糟糕的方向发展。

当一声声"快去做作业！""作业写完了吗？""作业没写完不许玩！"的唠叨和催促冲向孩子时，孩子接收到焦躁、着急等负面情绪，潜意识就会认为写作业是一件很痛苦的事，从而抵触写作业，产生"为了完成任务随便写写"的心理。

所以，父母陪伴孩子学习，除了营造一个安静的学习环境，同时也要让自己保持平和、稳定的情绪，给予孩子肯定、支持就好。

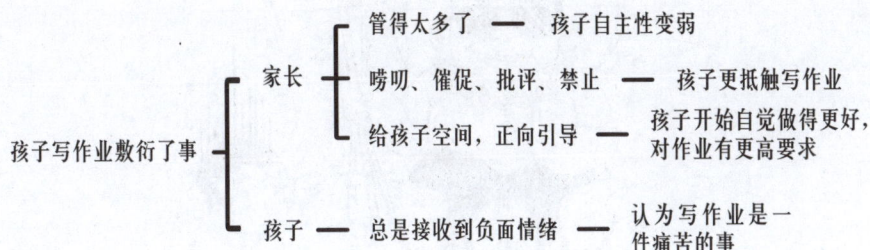

孩子写作业敷衍了事
- 家长
  - 管得太多了 —— 孩子自主性变弱
  - 唠叨、催促、批评、禁止 —— 孩子更抵触写作业
  - 给孩子空间，正向引导 —— 孩子开始自觉做得更好，对作业有更高要求
- 孩子 —— 总是接收到负面情绪 —— 认为写作业是一件痛苦的事

♥ 治愈父母

你还记得自己小时候面对作业是什么心情吗？说不定和你的孩子现在的心情一样呢。只是，大人们很善于遗忘自己曾经的经历，忘了自己的爸妈曾经是怎样为自己的作业着急上火，忘了自己当初写作业时是怎样的鸡飞狗跳。

我们大多都经历过"九九八十一难"般的考试，也曾被"背诵、默写、听写"虐待过千百遍，心底还潜藏着对学习的痛苦回忆。现在，望着正在写作业的孩子，那些催促、批评的话，你还想要说出口吗？不妨抱一抱你的孩子，也抱一抱曾经的自己。

一到考试，我比孩子还紧张

● 他考得不好，你根本没法保持冷静。

● 孩子的成绩，成了你与其他人攀比的资本。

❓ 底层逻辑

很多孩子都担心父母问自己的考试成绩，原因一般有两种：

1. 不喜欢被拿来比较。从小我们就有个宿敌叫"别人家的孩子"。这个"别人家的孩子"天天就知道学习，每回考试都名列前茅。每个父母都喜欢拿别人家的孩子来作比较，希望自己的孩子向人家学习，可对于孩子来说，这无疑是最令人讨厌的行为之一。

2. 家长过于重视结果，忽视孩子的感受。我们都当过小孩子，应该都懂，大人看到的只是表面现象，别人家的小孩私下也很爱玩，但当孩子把这些情况告诉家长的时候，大部分家长都不听孩子的解释，反而说他狡辩。

当家长不听孩子的解释，也不在乎孩子努力的过程，只关心结果时，孩子就会变得沉默，这样，不仅亲子关系会出现问题，孩子心态也会随之变化，影响学习。

这就是父母和孩子想法不同的地方。时代变了，我们要认识到，学习成绩并不是衡量孩子天赋和能力的唯一标准。只有家长把这一点想通了，更多地关注孩子学到了多少而不是和别人比高低，孩子才不会焦虑，学习起来更加从容。

❗ 你可以这样说

作为父母，当我们询问孩子的成绩时，可以不那么简单直接，运用一些沟通技巧和策略会更好。

"成绩出来了吗？看你这几天心情不太好，是觉得自己没考好吗？"

当询问孩子的成绩时，我们很容易带着自己的期待和焦虑询问。这样的情绪会传递给孩子，会让他感受到压力。因此，我们需要调整自己的心态，放下焦虑，用平和、开放的态度与孩子沟通。

"是不是在学习上遇到了什么困难，可以和爸爸妈妈说说。"

比起埋怨孩子没考好，不如关心孩子在学习过程中遇到的困难和挑战。让孩子感受到我们的关心和支持，同时也能让他更加关注自己的学习过程，而非仅仅关注成绩。

"我相信你付出了努力，不管结果如何，我都会为你感到骄傲。"

"这次没考好没关系，下一次我们争取获得进步，相信你一定可以的。"

尽量使用鼓励性的语言，这样可以激发孩子的自信心，让他们更加积极地面对挑战。

▶ 反思

　　我们常常将学习成绩好作为评判一个孩子优秀的唯一标准。然而，分数高只能衡量孩子学习这一个方面，不能作为评价孩子综合素质的唯一标准。因此，在询问孩子的考试成绩之前，我们可以先了解一下孩子在学校的表现，例如学习态度、课堂表现、作业完成情况等，要关注孩子的整体表现，而不仅仅是分数。即使孩子的成绩不理想，我们也不要过分批评孩子，而是要鼓励他从失败中吸取教训，努力提高自己。

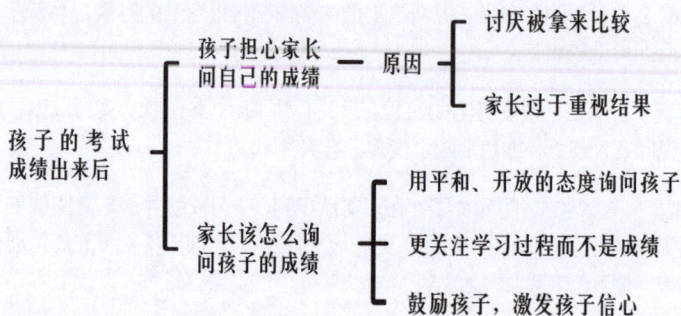

```
孩子的考试
成绩出来后
├─ 孩子担心家长 ── 原因 ┬─ 讨厌被拿来比较
│   问自己的成绩        └─ 家长过于重视结果
└─ 家长该怎么询 ┬─ 用平和、开放的态度询问孩子
    问孩子的成绩 ├─ 更关注学习过程而不是成绩
                 └─ 鼓励孩子，激发孩子信心
```

♥ 治愈父母

　　小时候，每当考试成绩出来后，你得知自己考差了，是不是也会害怕回家？那时的你在害怕什么呢？是不是害怕看到父母那由希望转为失望的神情？那时的你是不是拼命地想考得更好，想得到父母的认可和赞许？而现在，你的孩子也是这样。他也会害怕你们对他由期望变失望，也想得到你们的认可和赞许。所以，下一次，看到孩子因为考得太差而难过，你可以尝试鼓励和支持他，也试着安慰一下当时的自己。

孩子说他不会，是真的不会吗?

● 什么都替孩子做，是在斩断孩子的"双翼"。

● 不愿放手，拖慢孩子成长的脚步。

❓ 底层逻辑

孩子成长的过程中会遇到很多问题，有的事情明明很简单，孩子却说"我不会"，这时家长应该注意并警惕。通常，孩子明明会做却故意说"不会"，一般包括两个方面的原因：

1. 孩子害怕做错事被批评，所以故意说"我不会"。这可能是因为在日常的生活中，孩子一做错事，就被家长批评或揪着不放；也可能是因为经常被家长拿来与"别人家的孩子"进行对比。孩子因为既不想被批评也不想被对比，所以说"我不会"。

2. 家长大包大揽或要求过高，让孩子失去"自驱力"。有的家长大包大揽，什么都替孩子做了，让孩子产生了依赖心理，所以让他做什么他都说"我不会"，因为"只要我不做，就有人会帮我做"。有的家长要求过高，远远超出了孩子的能力范围，孩子还没做就犯难，于是打起了退堂鼓。

所以，当孩子说"我不会"时，家长先想一想孩子这么说的深层原因，只有从根源上解决问题，孩子才能鼓起勇气大胆尝试。

❗ 你可以这样说

当孩子故意说"我不会"时，可以试试这样做：

适当给孩子一些空间：

"不会也没关系，你可以说说具体是哪里不会吗？爸爸妈妈可以帮你一起解决。"

从孩子能懂的小处着手，带领他一起解决问题。如果孩子成功解决了问题，家长就及时夸奖他；即使孩子没解决问题，家长也不要批评他，给他足够的成长空间。

如果是因为家长大包大揽，让孩子失去动力，就可以这样说：

"你自己想一想，动一动大脑说不定就会了。"

孩子能做的事就让他自己独立完成，不要再"越俎代庖"了。只有孩子独立完成一件事，产生成就感，才会让他有动力去做下一件事。

如果是因为家长要求过高，让孩子畏难逃避，就可以这样说：

"这个问题确实有点难，不如我们先从简单的地方开始吧！"

如果孩子还是一副"我就不回答""我就不会"的状态，家长就不要逼他回答了，这时应该避开孩子的抵抗情绪，让他一个人静一静。

◗ 反思

孩子遇到问题就说"我不会"，很可能是因为得不到期望的结果。心理学中有一个效应叫"皮格马利翁效应"，这个效应告诉人们：赞美、信任和期待具有一种能量，它能改变人的行为，当一个人获得另一个人的信任、赞美时，他便感觉获得了社会支持，从而增强了自我价值，变得自信、自尊，获得一种积极向上的动力，并尽力达到对方的期待，以避免令对方失望，从而维持这种支持的连续性。所以，在家庭教育中，家长应该经常赞赏和鼓励孩子，这能使他们变得更加自信和积极，从而取得更好的表现，从"我不会"变成"我能行"。

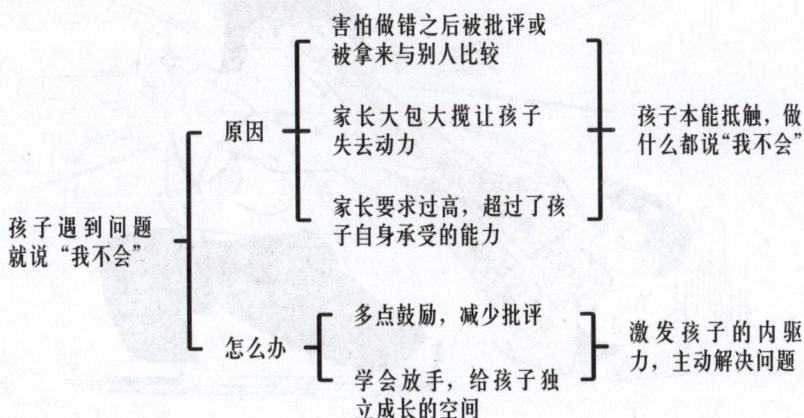

孩子遇到问题就说"我不会"
- 原因
  - 害怕做错之后被批评或被拿来与别人比较
  - 家长大包大揽让孩子失去动力
  - 家长要求过高，超过了孩子自身承受的能力
  - → 孩子本能抵触，做什么都说"我不会"
- 怎么办
  - 多点鼓励，减少批评
  - 学会放手，给孩子独立成长的空间
  - → 激发孩子的内驱力，主动解决问题

♥ 治愈父母

你从这种"我不行""我不会"的情绪中走出来花了多长的时间呢？相信这朵生命开出的希望之花给你带来了很多的光明和期待。正如史铁生在他的《病隙碎笔》里写的那样："爱原就是自卑弃暗投明的时刻。自卑，或者在自卑的洞穴里步步深陷，或者转身，在爱的路途上迎候解放。"作为父母，如果你的"自卑"已经"弃暗投明"了，别忘了孩子正等着你用足够多的爱引领着他迎战难题，"迎候解放"。

我样样精通，我的孩子怎么会偏科？

●优秀的父母往往让孩子"压力山大"。

●建立过高的目标很容易把孩子"吓退"。

❓ 底层逻辑

孩子在学习过程中出现偏科现象是很常见的，了解孩子偏科的原因，才能更好地解决这个问题，帮助孩子取得进步。

孩子为什么偏科呢？

1. 与性格气质有关。比如，外向的孩子可能在口语表达方面表现较好。

2. 与孩子的个人兴趣有关。兴趣是最好的老师，孩子在感兴趣的学科上更愿意投入时间、精力。

3. 趋利避害的心理暗示。孩子更愿意投入到擅长的学科中，对于不擅长的学科则可能产生厌恶或者抗拒情绪。

对于孩子偏科的情况，家长要及时发现并引导孩子纠正。可以从鼓励、引导兴趣等方面入手，让孩子逐渐树立对各个学科积极的学习态度。

❗ 你可以这样说

对于孩子个性化的差异，要具体问题具体分析：

"偏科确实是个挑战，你某个科目很好，学习能力强，通过努力，其他科目肯定也可以学好！"

如果一味地贬低孩子，结果就会适得其反，不如表达出你理解他的想法，并且肯定他的优势，来帮助他重建自信。

"你可以尝试一些新的学习方法，比如参加相关的兴趣小组，或许更有帮助。"

比起埋怨孩子学习能力不行，不如跟孩子一起寻找解决的办法，帮助孩子发现学习的乐趣。

"这么难的题你都会了，真厉害，最近你在这个科目上进步很大啊！"

对待孩子的进步，不要视而不见，要给予适当的鼓励，让孩子看到自己的努力是有成效的。

▶ 反思

　　偏科不仅影响学习成绩，还可能影响孩子的自信心。当孩子出现偏科情况时，首先需要理解他可能面临的困惑、压力和挫败感。孩子的偏科，或许有学习能力和学习方法上的问题，但不管怎样，我们可以向孩子表达我们的信任，相信他能够克服这个挑战；同时，也要保持耐心，改变需要时间和努力，切勿操之过急。当然，孩子在某些学科或技艺上有优势时，我们也要让孩子充分发挥自己的优势，拥有一技之长，可以让孩子脱颖而出。

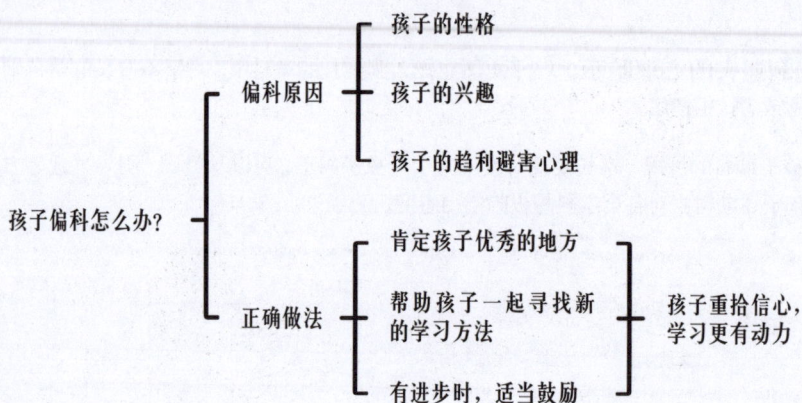

孩子偏科怎么办？
- 偏科原因
  - 孩子的性格
  - 孩子的兴趣
  - 孩子的趋利避害心理
- 正确做法
  - 肯定孩子优秀的地方
  - 帮助孩子一起寻找新的学习方法 → 孩子重拾信心，学习更有动力
  - 有进步时，适当鼓励

♥ 治愈父母

　　"怎么别人家的小孩每科成绩都好？""我这么聪明，怎么生出你这么笨的孩子？"有时这些话你可能是随口一说，但对孩子的伤害却是不可逆的。试想一下，你小的时候听到父母说这些话，心情是怎样的？孩子遇到困难时，本身就有畏难情绪，如果身为父母的我们都不能理解孩子，孩子又该找谁倾诉呢？所以，不要过分苛责孩子，调整好心态，帮助孩子一起克服困难才是更好的选择。

孩子把考试当猛虎，该怎么"打虎"？

● 你想鼓励孩子，却加深了孩子的紧张情绪。

● 一到考试就"作妖"？别忽略孩子考试前的"假动作"。

❓ 底层逻辑

从上小学开始，我们的人生就在一场又一场的考试中进入一个又一个阶段，考试对人生的意义不言而喻。正因为如此，家长的一些行为给孩子带来了无形的压力。

> 一种情况是家长有很强的"胜负欲"。这类家长从小就对孩子有着十分严格的要求，不允许孩子失败、发挥失常等，让孩子心理上背负着沉重的"负担"。

> 另一种情况是家长总在考前准备精致的餐食、盛大的庆祝类活动等。这些行为看似正面，其实也在提醒孩子：考试很重要，要好好发挥。这样的心理暗示也会让孩子感觉"压力山大"。

其实，人生有许多次重大的考试，如果孩子对每一场考试的重视都达到紧张、焦虑的程度，从而影响发挥，那将会带来多大的煎熬啊。想要在考试中正常发挥，最重要的是有一颗"平常心"。

❗ 你可以这样说

想要帮助孩子练就一颗"平常心"，在考试临近时，你可以这样对孩子说：

"真好，下周考完试就可以放松一下啦，你可以开始计划自己想做的事了！"

焦虑的情绪会影响思考，只有在身心放松的情况下，大脑才能正常运转。所以让孩子想一想开心的事情有助于缓解紧张情绪，让大脑稳定"输出"。

"有什么需要我们帮忙的吗？没有的话我们就各自忙自己的事啦。"

从行为上让孩子觉得"不过是一场考试而已"，让孩子轻松愉快地迎接和面对考试。

"你们要考试啦？没关系，根据你平时的积累，正常发挥就好啦！"

不要强加给孩子过重的"胜负心"，告诉他，考试就是把平时学到的知识在试卷上展现出来，让孩子轻松应对。

◢ 反思

　　许多"胜负心"和紧张的情绪是从小积累起来的，一个个看似不起眼的小问题累积在一起，形成了巨大的"压力"，轻松、乐观的心态也可以在长期的生活中被一点点培养。我们在日常的学习和生活中不要给孩子压力，做任何事都以"平常心"来面对，当孩子做错时给予指导而不是责怪，面对重大考试时孩子才能卸下压力，"轻松上阵"。

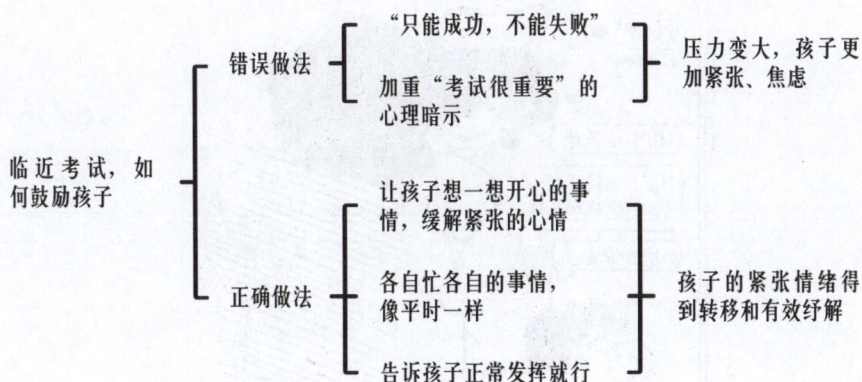

临近考试，如何鼓励孩子
- 错误做法
  - "只能成功，不能失败" ┐
  - 加重"考试很重要"的心理暗示 ┘ → 压力变大，孩子更加紧张、焦虑
- 正确做法
  - 让孩子想一想开心的事情，缓解紧张的心情 ┐
  - 各自忙各自的事情，像平时一样 ├ → 孩子的紧张情绪得到转移和有效纾解
  - 告诉孩子正常发挥就行 ┘

❤ 治愈父母

　　在面临人生的重大考试时，你是否也曾失利过，并为此耿耿于怀了很多年？其实，在面临考试前，很多人会出现失眠、头晕头痛、胸闷、注意力不集中、记忆力减退、腹泻、习惯性情绪低落等不适症状，这其实是一种"考前综合征"。

　　引起这些症状的原因多种多样，但经过积极调整之后可以得到缓解。调整方法：1."我能行""我一定能成功"等积极暗示可以增强信心；2.适量的运动；3.做自己感兴趣的事情；4.情感宣泄；等等。快带上孩子一起实践吧！

比起上学，我家孩子更想当"网红"

● 你不以为意，孩子变本加厉。

● 你想打击孩子，让他放弃，却用力过猛。

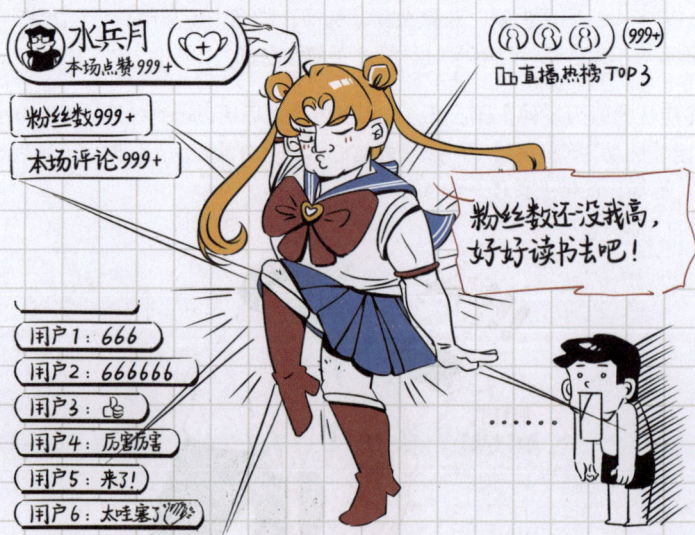

❓ 底层逻辑

孩子想当"网红"，其实包含了两个信息要素，一是孩子觉得学习没有用，二是孩子觉得视频博主或主播这类行业更具有吸引力。

1. 关于孩子觉得"学习没用"

（1）学习回报周期长：都说"十年磨一剑"，学习就是这样，要经过漫长的时间积累，学习的益处才会慢慢展现。有些孩子可能会觉得，他们努力学习却不能立刻看到回报，而且类似"有的人早早辍学去社会上摸爬滚打，最后过得比一直努力学习的'学霸'们好"的案例，对孩子产生误导，导致孩子出现"学习没用"的想法。

（2）兴趣问题：有些孩子可能对学习不感兴趣，或者他们的兴趣爱好和学习无关，他们也许更愿意花时间去做自己感兴趣的事情，从而认为投入大量时间学习"没有用"。

（3）理解问题：有些孩子觉得"学习没用"，是因为他们觉得上学太枯燥了，或是难以理解教科书上的内容；还有些孩子是因为对"学习"这件事的理解不够，觉得学习是一件"浪费时间"的事。

（4）目的不明确：有些孩子不知道自己为什么要上学，也不知道自己将来要干什么，每天在学校里看似在学习，却不知道学习的目的。这样的孩子很容易缺乏学习的动力，从而产生"学习没用"的认识。

2. 关于孩子对"网红"行业更感兴趣

（1）行业认知偏差：互联网时代，大家都喜欢把极端的一面展现在网络上。因为大家对美好生活的向往，展现极端好的一面的人尤其多，比如，"网红"一般喜欢展现自己光鲜亮丽的生活、奢侈的消费、高额的收入。这些美好的表象，让还没有学会全面看待问题的孩子蠢蠢欲动。

（2）孩子对不了解的事物会格外好奇：所谓"台上一分钟，台下十年功"，孩子不知道每个行业美好的背后，都有艰苦辛酸的付出。孩子只看到了视频博主或主播这类行业人员在视频中展现的轻松、好玩、高收入，却不知道短短十分钟的视频，可能需要十几个小时的拍摄以及没日没夜地剪辑。

了解了原因之后，我们就可以对孩子"对症下药"了。

"是不是最近学习太累了？还是学习上遇到什么困难了？可以和我说说吗？"

家长要问清楚孩子是不是在学习上遇到了困难，要明确孩子是抗拒"学习"这件事，还是确实对其他职业产生了浓厚的兴趣。如果是抗拒学习，也不要强硬指责，可以通过趣味活动或游戏的方式，让孩子重拾对学习的兴趣。

当孩子向你表达想当"网红"的想法时，先别急着否定，你可以这样回答：

"我对这个行业的了解也不多，不过要是你感兴趣的话，我们可以一起试着去了解一下，你觉得呢？"

这样回答孩子，孩子没有立刻被否定与质疑，会更愿意与你沟通。同时，这样的回答向孩子表明了我们尊重他的想法，愿意和他一起去尝试。了解过后，孩子如果发现这个行业不是自己理想中的职业，就能够更积极地转变想法。

"我很好奇，你为什么会对这个行业产生兴趣呢？"

家长通过提问的方式，引导孩子说出他自己的真实想法，可以有效避免亲子之间的冲突。我们可以不认同孩子的想法，但是要尊重孩子，和孩子建立平等的对话，这样才能引导孩子更成熟地思考问题。

当孩子出现家长没法理解的想法时，家长要做的不是强行把孩子掰"正"，而是去了解孩子产生这种想法背后的动机。明确了动机以后，家长要尊重孩子的想法，这样孩子才会更愿意和家长沟通。有时，孩子也许并不是真的想做某件事，但如果想法一说出口就被家长强硬否定，反而会使孩子逆反心起，本可以用三两句话打消的念头，成为孩子和家长斗气的"执念"。

反思

　　家长教育孩子的方式要与时俱进。有的家长在听到孩子说出"不想上学，想当网红"这类话的时候，立刻愤怒地指责孩子，甚至全盘否定孩子的想法，强硬地要求孩子"只准好好学习"。

　　当孩子还小的时候，他对世界的认识并不全面，有时会说出一些荒诞、离经叛道的话。这时，家长不能一味地指责孩子，要用自己温柔的语言引导孩子慢慢认识这个世界、认识自己。对孩子来说，有些想法可能只是一瞬间闪过的念头，说出来的不一定是真的想做的事，也许孩子需要的只是家长的理解和支持。把目光温柔地放在孩子身上，孩子也许会更愿意向你表达真实的想法。

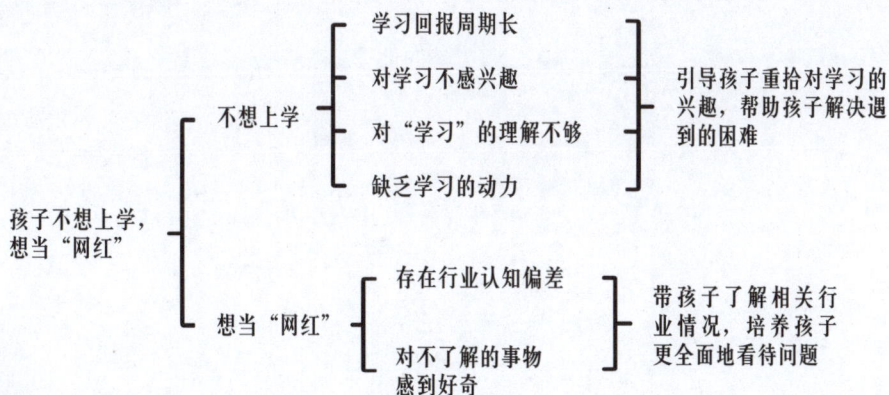

```
                          ┌ 学习回报周期长 ┐
                          │ 对学习不感兴趣 │   引导孩子重拾对学习的
              ┌ 不想上学 ─┤ 对"学习"的理解不够 ├─ 兴趣，帮助孩子解决遇
              │           └ 缺乏学习的动力 ┘   到的困难
孩子不想上学，─┤
想当"网红"     │           ┌ 存在行业认知偏差 ┐   带孩子了解相关行
              └ 想当"网红" ┤                  ├─ 业情况，培养孩子
                          └ 对不了解的事物     ┘   更全面地看待问题
                            感到好奇
```

治愈父母

　　你在小的时候，是不是也有过一些天马行空的想法？你会把自己的想法告诉你的爸爸妈妈吗？告诉他们之后，他们是怎么对待你的这些想法的呢？是一味地否定你，让你做好自己的事，不要想东想西；还是尊重、支持、鼓励你，让你勇敢去尝试？当父母一张口就否定你的时候，你是什么感觉？当父母支持你的胡思乱想，带你勇敢尝试的时候，你又是什么感觉呢？那么，你想要成为怎样的父母呢？

04 · 交友社交 ·

孩子不合群，以后进了社会怎么办？

● 强行让孩子参与，孩子压力会更大。

● 不要把自己对孤单的恐惧，投射在孩子身上。

❓ 底层逻辑

家长带孩子出去玩的时候，也许会遇到这样的情况：别的孩子聚在一起嘻嘻哈哈、吵吵闹闹，但是自己的孩子安安静静地待在角落里，默默干自己的事。这个时候先别急着催促孩子去加入其他小朋友，先了解清楚孩子落单的原因：

1. 孩子和其他孩子之间年龄差距大。 年龄小的孩子一般跟不上大孩子的游戏节奏；而年龄大的孩子，一般也不愿照顾小一些的孩子。

2. 孩子被其他孩子相处不愉快。 有的孩子在和其他小朋友相处的过程中，因为展现出了霸道、有攻击性的一面，让其他孩子与他接触时的体验感很差，又或者孩子自己被其他小孩拒绝、嘲笑，双方不能愉快玩耍。

3. 孩子性格胆小、孤僻。 有的孩子胆子小，怕和其他孩子接触，不敢靠近其他孩子；有的孩子性格比较孤僻，比起和其他孩子互动，更喜欢自己一个人待着。

❗ 你可以这样说

孩子的世界也会有分分合合。这是一个很普遍的现象，家长千万不要把自己对孤单的恐惧投射在孩子身上，过分强调"落单"的可怕。

如果孩子在和同龄孩子玩耍时落单，可以这样询问：

"你可以试着感受一下，和哪个小朋友在一起玩得比较舒服。"

不是所有的群体，都一定要让孩子融入。如果在相处过程中孩子感到不舒服，不妨将孩子带离那个群体，让孩子自己选择一个感到舒适的朋友圈。

如果是孩子性格孤僻等原因导致的落单，就可以这样询问：

"你好像更喜欢自己一个人，独处的感觉是不是很好？"

"有没有谁是你愿意和他一起玩的呢？"

用温和的语气询问能保护孩子的"落单"行为，会比过度的鼓励或指责更有效果。

▶ 反思

　　社会化是孩子成长必经的过程，也是人类的本能需求之一。但是除了社会化的交往，孩子同样需要学会独处。独处能够让孩子专注于自己的内心世界，获得与自我共存的方式；还可以培养孩子的专注力和自制力，开发孩子的想象力和创造力。独处并不意味着孤独，相反，适当地独处能够让孩子获得成长的智慧。下次看见孩子"落单"时，家长先别急着担心，让孩子在自己的世界里遨游一会儿。

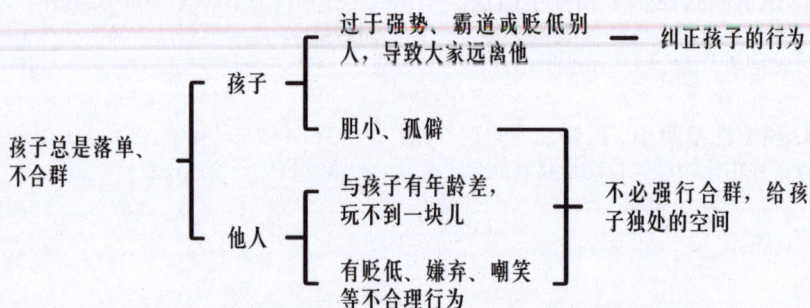

　　　　　　　　　　　　　　　　　过于强势、霸道或贬低别　　　　纠正孩子的行为
　　　　　　　　　　　　孩子　　　人，导致大家远离他

　　　　　　　　　　　　　　　　　胆小、孤僻
孩子总是落单、
不合群　　　　　　　　　　　　　与孩子有年龄差，　　　　　不必强行合群，给孩
　　　　　　　　　　　　他人　　　玩不到一块儿　　　　　　　子独处的空间

　　　　　　　　　　　　　　　　　有贬低、嫌弃、嘲笑
　　　　　　　　　　　　　　　　　等不合理行为

♥ 治愈父母

　　你小时候的朋友多吗？小时候，邻居家的孩子、学校里的同学、兴趣班的同桌，我们能在不同场合遇到各种朋友。再看看好像总是孤零零一个人的自家孩子，确实很难不担心。先把担心放一放，想一想，我们小的时候即使朋友再多，是不是也会有想自己一个人待着的时候？当孩子想要一个人待着时，你不如给他一些空间，让他享受独处的快乐。不必过分焦虑，孩子最后也会收获适合他自己的朋友。

交友被拒没关系，先给孩子打个气

● 家长过分在意孩子的情绪，容易让孩子陷入恐慌。

● 家长的责备会加深"被拒绝"带给孩子的伤害。

❓ 底层逻辑

孩子在社交中或多或少都会遇到挫折，尤其是孩子遭到拒绝时，我们做父母的，心情可能比孩子还难受。当孩子听到朋友说"我不想跟你玩"，孩子就会有"别人不喜欢我"的想法。他会觉得，大家不愿和他玩是他的问题，从而产生自卑心理。等到下次还想交朋友的时候，他就会因为担心自己会被拒绝而紧张，越紧张就越焦虑，越焦虑就越退缩。

这时候，有些父母可能一着急就会帮孩子回怼："不玩就不玩，有什么了不起的！"但这样的方式却不能从根本上解决问题。

> 如果孩子自己不能妥善处理问题，即使父母帮忙解围，也会在孩子内心留下"我真失败""我很差劲"的印记。次数多了，孩子会在心里认定自己是一个不受欢迎、不被其他小朋友喜欢的人。

> 所以很多时候，矛盾得靠孩子自己解决，我们可以想办法帮孩子走出困境，提高孩子的社交能力。

❗ 你可以这样说

孩子被拒绝时，家长很容易被带偏，仿佛被拒绝的那个人是自己。这时候家长不要急着反击，可以先安抚孩子的情绪，想一想问题出在哪里。

"真好，下周考完试就可以放松一下啦，你可以开始计划自己想做的事了！"

要告诉孩子不要把别人的拒绝看作是对自己的否定，每个人都有选择朋友的权利，被拒绝是人生的常态。或许有时候被拒绝不是对方不想和你交朋友，而是对方不懂得如何交友，甚至不知道如何答应。

"你是不是觉得很沮丧，被拒绝很有挫败感是吗？可以和妈妈说说具体经过吗？"

"如果下次再出现这种情况，我们能怎么做呢？"

我们先帮助孩子描述出遇到的问题，继而询问孩子该如何解决问题，我们可以和孩子一起思考。如果孩子回答"不知道"，我们可以引导孩子换位思考，让他知道，被拒绝不是多么糟糕的事情，我们有很多解决问题的方法。

✎ 反思

当孩子交友被拒绝时，一些父母脱口而出"谁稀罕跟你玩""不跟我们玩就算了，我们也不跟你玩"这样的语句，但这样的处理方法其实是错误的。父母的过多干涉，反而会让孩子更加挫败，更加觉得自己没有能力解决问题。父母需要及时给予正向的引导，帮助孩子把问题描述出来，一方面能够纾解孩子的情绪，另一方面可以让孩子明白自己处于什么样的处境。父母可以告诉孩子，被拒绝不是一件糟糕的事情，不要急着否定自己，有时候可能只是你表达的方式不对，或者对方当时心情不好，等等。父母和孩子一起积极寻找解决问题的办法，也是促进亲子关系的有效方式。

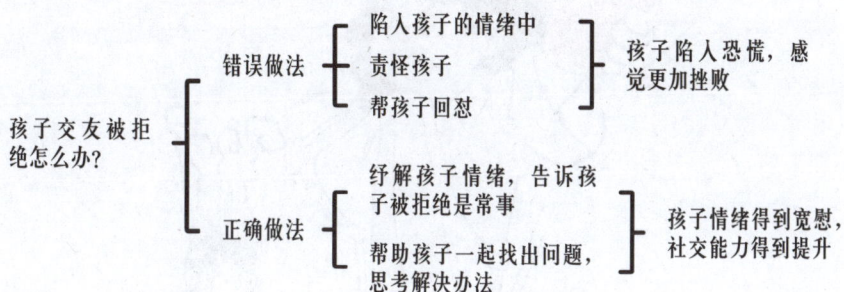

孩子交友被拒绝怎么办？
- 错误做法
  - 陷入孩子的情绪中
  - 责怪孩子
  - 帮孩子回怼
  → 孩子陷入恐慌，感觉更加挫败
- 正确做法
  - 纾解孩子情绪，告诉孩子被拒绝是常事
  - 帮助孩子一起找出问题，思考解决办法
  → 孩子情绪得到宽慰，社交能力得到提升

♥ 治愈父母

成长的过程中，我们可能会经常提到一个词，叫"无力感"。不管是我们，还是孩子，如果经常被拒绝、频繁受挫，无法获得对事物的掌控能力，就会陷入一种"无力"的困境，从而产生无力感。但是挫折和打击是生活中的普遍经历，我们不应该让它们定义我们的人生。当我们被拒绝或者感到受挫时，请允许自己休息一下，静下心来，寻找一些让自己感到兴奋和有动力的事情，当找到自己的热情时，也会更有动力地去追求自己想要的生活。

不分享就不是好孩子吗？

● 将孩子不分享的行为上升到道德层面，是"打压式教育"的缩影。

● 强迫孩子分享，更会激起孩子的"不服气"。

❓ 底层逻辑

我们作为成年人，总会觉得不分享是不对的，但其实，孩子不愿分享，有这几方面原因：

> 一是天性使然。孩子"物权意识"萌芽的时候，会通过占有属于自己的东西，区分自己和他人，并从中获得占有物品背后的意义——安全感。

> 二是没有理解分享的含义。他们以为分享之后就失去了这个物品，自然会抗拒分享。

> 三是家长的溺爱。家长如果对孩子从小唯命是从，支持孩子独享、搞特殊化，就很容易让孩子养成只考虑自己、以自我为中心的坏习惯，从而拒绝将物品分享给他人。

家长如果此时随意责怪孩子"自私自利"，逼迫或打骂孩子必须做出分享行为，就容易让孩子认为这是家长在帮外人抢夺自己的东西，从而对分享行为更加抵触。所以，家长应该以身作则，引导孩子体会分享的快乐。

❗ 你可以这样说

当孩子表现得十分抗拒时，家长千万不要生气，应该站在孩子的角度说话，了解孩子这么做的原因，再对症下药。

> "你不愿意和其他小朋友分享玩具，一定有你的理由。你能试着想想怎么表达，然后告诉我吗？"

放低姿态，表达对孩子的理解和尊重；引导孩子勇敢表达自我，了解孩子的真实想法，然后在多多沟通之后和孩子一起思考解决办法。

如果孩子误解分享就是失去，或者只想自己一个人玩时，我们可以这样说：

> "分享是与他人一起享受快乐，并不是要抢夺你的东西。我们和朋友一起玩玩具的话，会不会比一个人玩更快乐呢？要不要尝试一下？"

引导孩子体会分享带来的快乐，设身处地地思考问题，比强迫孩子分享更民主、有效。

即使孩子仍然不愿意分享，我们也要告诉孩子他有拒绝的权利，尊重他的想法和选择。

◗ 反思

面对孩子不愿分享玩具的行为，脾气急躁的家长往往容易强迫孩子分享，甚至指责、贬低孩子，这当然是不对的。孩子不愿分享，这不是道德问题。安全感不够、误解分享的含义、家长的溺爱等，都有可能让孩子有不愿分享的行为。家长应该了解孩子这么做的原因，引导孩子感受分享带来的快乐，指导孩子自主沟通和解决分享过程中遇到的问题。最重要的是，家长需要给予孩子正面的反馈和建议，鼓励他们去表达、去行动，同时尊重他们的想法和意愿，告诉他们就算拒绝也没关系。

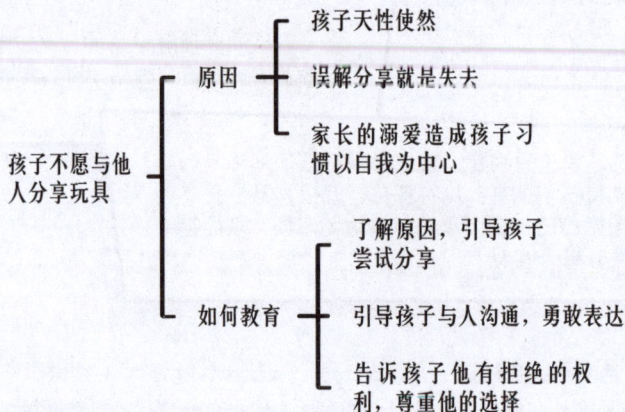

```
                                    ┌─ 孩子天性使然
                          ┌─ 原因 ──┼─ 误解分享就是失去
                          │          └─ 家长的溺爱造成孩子习
  孩子不愿与他 ───────────┤             惯以自我为中心
  人分享玩具              │          ┌─ 了解原因，引导孩子
                          │          │   尝试分享
                          └─ 如何教育 ┼─ 引导孩子与人沟通，勇敢表达
                                     └─ 告诉孩子他有拒绝的权
                                         利，尊重他的选择
```

♥ 治愈父母

孩子的言行往往是父母行为和心理的投射，所以对孩子犯的"错"生气，其实是在对自己生气。小时候你的父母有因为你不爱分享而责怪你"自私"吗？现在的你会被人情世故裹挟而"强迫"自己分享吗？人是社群动物，学会分享是每个人人生的重要课题，这通常是顺其自然的事情。我们不用太担心孩子的成长，只要正确地引导孩子，孩子一定也会慢慢学会分享。

生活不是偶像剧，孩子却爱当"霸道总裁"

●孩子太霸道，也许是有一个过分宠溺的家长。

这一片鱼塘，都给我承包了。

●也许是有一个强势霸道的家长。

我觉得你管得太多了！

我不要你觉得，我要我觉得。

❓ 底层逻辑

孩子在和其他小朋友的相处、游戏过程中，展现出"霸道"的一面。从孩子的角度来讲，一般是因为孩子各方面的能力，尤其是领导能力较强。所以，孩子在和他人互动的过程中，会想要统筹活动，于是就显得"霸道"。

此外，孩子"霸道"，与家长也有一定关系。

> 家长可以反思一下，在日常和孩子的互动中，是否过分宠溺孩子，让孩子说什么就是什么，导致孩子出现了"小皇帝"的一面，并把这一面带到了家庭之外。

> 又或者是家长在家里表现出了过度控制的行为，这样孩子不仅会学习家长的"霸道"，还会把在家里无法施展的控制行为，转而表现在和其他孩子的互动中。

❗ 你可以这样说

当发现自己的孩子在和别的孩子相处时很"霸道"，可以这样和孩子说：

> "你是希望大家都听你的吗？为什么这么想呢？可以和我讲讲吗？"

孩子也许是过分地想要获得友谊，但用错了办法。这就需要我们引导孩子说出他真实的想法，帮助孩子纠正自己的行为。

也可以这样和孩子说：

> "你觉得你这样做，其他的小朋友是什么感受呢？如果你是他们，你会开心吗？"

让孩子换位思考，更能体会"霸道"给他人带来的不适。

孩子有时不知该怎么做，这时就需要我们对他说：

> "我希望你可以和你的朋友们平等、友好地相处，希望你能尊重他们的想法。"

别说不应该做什么，要让孩子知道自己应该做些什么，给孩子指明一个方向。

反思

　　孩子的很多问题，其实都是家庭带来的。没有人不爱自己的孩子，但是这种爱一定要有底线、有原则，如果无条件地纵容、迁就孩子，很容易让孩子养成以自我为中心的坏习惯，当他的要求得不到满足时，势必会蛮横霸道不讲道理。同时，我们爱孩子，也不能一味地打骂、控制孩子，孩子虽然小，但也有自己的独立人格，你如果用打、骂或"一言堂"的方式粗暴地对待孩子，会让孩子认为这就是解决问题的方法，久而久之，孩子自然容易养成霸道的性格。

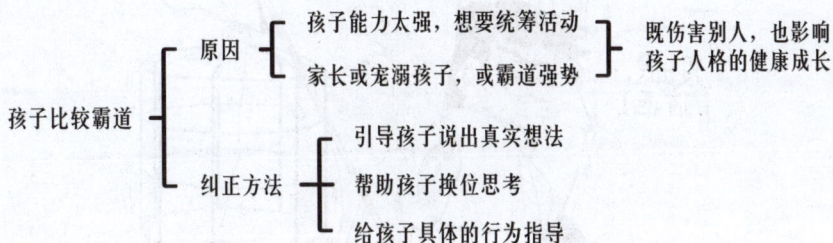

```
                    ┌ 原因   ┌ 孩子能力太强，想要统筹活动    ┐ 既伤害别人，也影响
                    │        └ 家长或宠溺孩子，或霸道强势    ┘ 孩子人格的健康成长
孩子比较霸道 ┤
                    │        ┌ 引导孩子说出真实想法
                    └ 纠正方法┤ 帮助孩子换位思考
                             └ 给孩子具体的行为指导
```

治愈父母

　　你是一个霸道的人吗？很多时候，"霸道"其实是害怕失控，而害怕失控，一般是因为曾经经历过事物失控带来的不良后果，或者受制于人产生的痛苦。为了避免重蹈覆辙，有的人会想尽一切办法让自己处于控制地位。谁曾想，这反而会使他们陷入"只有掌控了一切，才不会失控或被人控制"的思维误区。

　　身边有人对你的评价是"霸道"吗？如果有，请不要感到难过，这是我们为了应对曾经的创伤产生的心理防御，只要认识到了这一点，就有办法做出改变。

谁的礼物都敢收，这孩子真没有分寸！

● 有些礼物背后往往隐藏着巨大的陷阱。

● 愤怒和指责并不能让孩子"长记性"。

❓ 底层逻辑

生活中，收到礼物确实是一件令人愉悦的事情，它代表着亲朋好友之间的深情厚谊与关爱。但是很多时候，礼物是不可以随便收的，如何教导孩子不要随便接受别人的礼物是社交教育里一个非常重要的方面。

> 接受礼物意味着接受了一种责任和义务。当我们收下礼物时，未来的某个时刻我们就需要作出回报，这种潜在的责任感可能会给我们和孩子带来不必要的压力和束缚。

> 如果接受了不合适的礼物，也可能让我们陷入尴尬或为难的境地，甚至可能引发冲突和矛盾。

所以，我们可以在是否接受礼物的这个问题上，培养孩子的独立思考能力。让孩子在收到礼物时，能够自己思考是接受还是拒绝，引导孩子评估接受这个礼物的合理性，以及考虑接受礼物可能带来的结果，等等。

❗ 你可以这样说

家长可以帮助孩子正确面对他人的礼物：

"你的朋友送了很多礼物给你，那我们也给你的朋友准备一些礼物吧！"

"我们收到礼物的时候是开心的，那朋友是不是也会希望收到我们的礼物呢？"

可以委婉地告诉孩子接受礼物的原则，提出一个问题，跟孩子讨论一下，让他们明白接受礼物是一种荣幸，但也应该心存感激并适当回礼。

"有些礼物也可能是带着目的的，比如童话故事中恶毒皇后送给白雪公主的苹果。所以，当别人送你礼物时，不能随便接受，要学会自己分辨。"

"自己如果分辨不出来，也可以向爸爸妈妈求助。"

可以通过实例告诉孩子，礼物可能是善意的，也可能是为了达到某种目的的手段。家长需要培养孩子辨别礼物背后善恶的能力，也要告诉孩子必要的时候可以向自己求助。

反思

　　尊重是相互的，我们希望别人不冒犯自己的边界的同时，也要努力弄明白别人的边界所在，不要轻易越界。在社交中，适当的礼物交换是一种表达友好和关心的方式，但每个人的性格不一样，相处时也都有不同的安全距离，如果一方贸然越过了对方的安全距离，对方就会感到不适。即使再熟悉的朋友，相处时也要留有距离、注意分寸。教导孩子不随便接受礼物，可以帮助他们明确自己的边界，培养他们独立思考的能力。

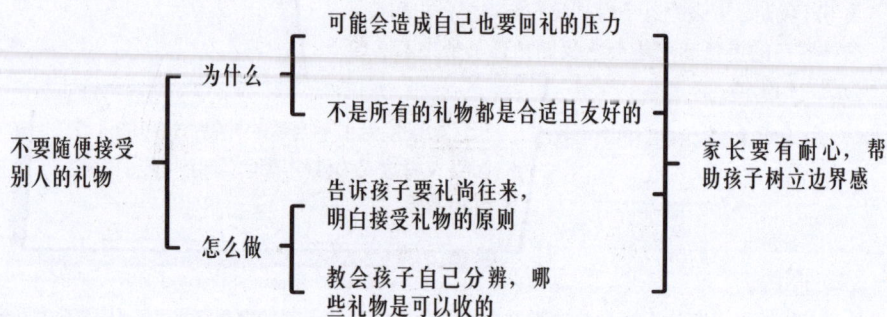

```
不要随便接受        为什么 ┌ 可能会造成自己也要回礼的压力
别人的礼物  ┤              └ 不是所有的礼物都是合适且友好的       家长要有耐心，帮
            │                                                    助孩子树立边界感
            └ 怎么做 ┌ 告诉孩子要礼尚往来，
                     │ 明白接受礼物的原则
                     └ 教会孩子自己分辨，哪
                       些礼物是可以收的
```

♥ 治愈父母

　　你小时候有没有遇到过这样的朋友：不经过你的同意就拿你的东西，抢走你吃了一半的面包，当着全班同学的面念出你的作文……这样没有边界感的行为是不是让你感到很不舒服？现在我们成了父母，承担着管教孩子的责任，更要教会孩子怎样做到有边界感，比如不随便收别人的礼物，没经过同意不乱拿别人的东西，不随意插话或打断他人的发言等。同时，我们作为父母，也要懂得尊重孩子的边界感，比如不随便翻孩子的日记，不随意进出孩子的房间等，给孩子一个"呼吸"的空间。

你眼中的"坏"朋友，是真的坏吗？

● 你眼中的"坏"朋友，带着孩子逃学、打游戏。

● 你粗暴地破坏孩子"友谊的小船"，也伤害了孩子。

❓ 底层逻辑

从心理学角度来说，孩子交的朋友，一般都体现了他的互补型人格。孩子的朋友身上，也许有孩子向往、认可的特点。如果孩子交到了一个不喜欢学习而且贪玩的朋友，是不是就意味着孩子也会跟着变坏呢？这两者其实并不等同。

> 我们作为父母可能会认为不爱学习、成绩不好的孩子是"坏孩子"，说脏话、不懂礼貌的孩子是"坏孩子"，逃学、打游戏的孩子更是"洪水猛兽"。

> 但孩子也许不这么想，孩子交朋友，也许是觉得这个朋友对人热情、友好，也许是觉得这个朋友幽默、有趣，又或许是觉得这个朋友总是有很多新奇的想法。

我们不能忽略孩子的感受，一味阻止孩子和这些朋友往来。金无足赤，人无完人，孩子交的朋友有优点，自然也会有缺点，我们要做的，就是引导孩子辨别是非好坏，取长补短。

❗ 你可以这样说

当孩子交了所谓的"坏"朋友时，你可以这样和孩子说：

"我发现你最近和XXX很要好，是不是他身上有你很欣赏的地方？"

先询问孩子和朋友的关系，让孩子说出他的优点，这样我们就知道孩子为什么会跟他交朋友。记得站在孩子的角度肯定这个朋友的优点。

然后，再向孩子提出你觉得他不好的地方：

"我发现你的这个朋友经常说脏话，你觉得说脏话对吗？我很担心你会跟着他一起说脏话。"

询问孩子对于朋友的缺点的看法，并向孩子表达自己的担忧。让孩子知道什么是好的、什么是坏的，哪些是他可以学习的，哪些是不适合模仿的。

孩子交朋友本来是一件自然而然的事，我们如果过分担心，试图控制孩子的交友，就可能会引起孩子的抗拒，造成孩子为了和我们赌气，故意交"坏"朋友的后果。

反思

孩子遇到问题不要紧，我们怎么处理才是问题的关键。我们也许是因为面对的是自己的孩子，所以总是觉得孩子还小，想要想尽办法为他遮挡所有的风风雨雨，把他保护得严严实实。

但是，总有一天我们得明白，我们就算在自己的视线范围内把孩子保护得再好，也总有看不到的地方。孩子交了"坏"朋友，我们应该做的不是强行掀翻孩子"友谊的小船"，而是要教会孩子鉴别好坏、分辨是非，让孩子掌握自己选择朋友的能力。

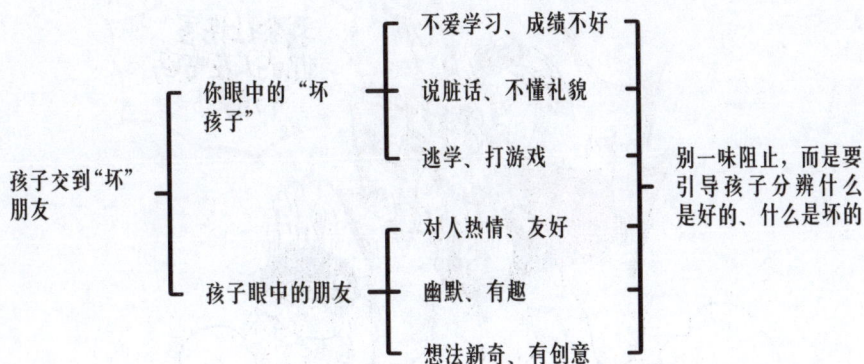

孩子交到"坏"朋友
- 你眼中的"坏孩子"
  - 不爱学习、成绩不好
  - 说脏话、不懂礼貌
  - 逃学、打游戏
- 孩子眼中的朋友
  - 对人热情、友好
  - 幽默、有趣
  - 想法新奇、有创意

别一味阻止，而是要引导孩子分辨什么是好的、什么是坏的

治愈父母

"你要多和成绩好的同学来往，别老跟那些考试不及格的同学玩。"有没有觉得这话格外耳熟？在你小的时候，父母可能还没学习过系统的教育方法，面对你交朋友这件事，只是简单地觉得成绩好的孩子身上，一定有很多值得你学习的地方。那时，你是不是也不理解为什么你觉得特别好的朋友，在爸爸妈妈眼里却这也不好、那也不好？

仔细回想一下，你有被那些"不好"的朋友"带坏"吗？相信你一定有自己的判断。所以，我们不妨也相信一下自己的孩子，相信他也有分辨是非的能力。

我想把这玩意儿染成**绿**的！

我就知道他那个绿头发的朋友不行！

被摸隐私部位不是孩子的错，不要两败俱伤

●比起"复仇"，孩子更需要你的安慰和拥抱。

●强调"贞洁"，给孩子带来二次伤害。

❓ 底层逻辑

即使到了今天，很多家长一谈起性教育，也仍旧讳莫如深。但是一看到儿童性侵等新闻时，家长们又变得十分焦虑。作为家长，我们不可能时时刻刻在孩子身边保护他，因此，给孩子建立性别安全防护意识十分重要。

孩子从 3 岁起，开始具备性别意识和独立意识，不管男孩女孩，都更崇拜有力量的爸爸。所以，爸爸应该主动承担起树立孩子性别意识的责任，在适当的时候告诉孩子：

> "隐私部位是属于你自己的秘密花园，不论是谁，都不可以触摸，就算是爸爸妈妈也不行。"

> "如果有人摸了你的隐私部位，一定要告诉爸爸妈妈。"

然后身体力行，与孩子保持适当的距离。

❗ 你可以这样说

如果事情已经发生了，家长就要先稳住情绪。家长是孩子的"定海神针"，只有你先稳定住情绪，才不会扩大这件事对孩子的影响。可以这样说：

> "别怕宝贝，爸爸妈妈会保护你的。需要我们做什么，才能让你好过一点呢？"

孩子告诉你自己被摸了隐私部位，可能是想寻求安慰和保护，所以我们应该第一时间安慰孩子，坚定地站在他的身边。如果没有发生实质性的伤害，就不要冲动激怒对方，让孩子以后远离这个人就行。

> "没关系的宝贝，以后小心一点就行了。如果有不舒服，一定要告诉我们。"

告诉孩子没关系，并且不要强调这次事件的严重性，这样才能减轻这件事给孩子带来的伤害。在孩子受伤时陪在他身边，或许他在向你倾诉完之后，就会好多了。

103

✏ 反思

性别安全教育应该融入日常生活中，而不是等事情发生了才开始进行。孩子三岁以后，家长在跟孩子聊天时，可以经常问一问："你喜欢以什么样的方式跟爸爸妈妈相处？我们能为你做些什么？"平时遇到问题时，家长应该更多地给予孩子鼓励、支持和赞扬，给孩子做足关于"性""自爱"的教育和培训，才能防患于未然。家长应该重视孩子被摸隐私部位这件事，但不应该过度反应。家长的过度反应会将伤害放大，给孩子带来心理阴影。

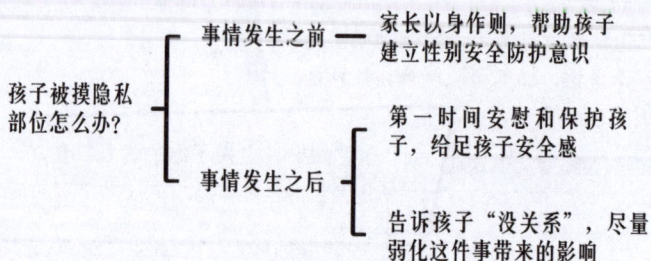

孩子被摸隐私部位怎么办？
- 事情发生之前 —— 家长以身作则，帮助孩子建立性别安全防护意识
- 事情发生之后
  - 第一时间安慰和保护孩子，给足孩子安全感
  - 告诉孩子"没关系"，尽量弱化这件事带来的影响

❤ 治愈父母

很多人成为父母之后，不知不觉就成了自己父母曾经的样子，用简单粗暴的方式对待孩子，这其实是不愿意在孩子身上花太多的心思。但往往意外就出现在忽视中。人生这段旅途没有终点，成为父母并不意味着"毕业"，想要做一个不独断专行的父母，想培养一个健康优秀的孩子，需要很多的耐心和包容。"做好父母"这堂课需要花费大量的时间与精力，有的人甚至终生都无法"毕业"，但在教育的路上，孩子前行的每一步，身后都有你的脚印，不知不觉中，你其实已经收获良多。

05 ·行为纠正·

你给的安全感，能成为孩子不胆小的底气

● 孩子胆小可能是因为家长的"言传身教"。

● 你想用强势激发孩子的胆量，却把孩子打压成了真正的"胆小鬼"。

❓ 底层逻辑

孩子胆小并不是天生的，大多是因为家长的"言传身教"。

> 如果家长在孩子小的时候，就表现得胆小怕事，孩子大概率会模仿家长，从而不敢去接触新事物。

> 如果家长经常用吓唬的语气教育孩子，也容易给孩子造成精神上的压力，对外界事物产生恐惧和不安的心理，从而胆小内向。

> 如果家长经常用强势的态度去限制孩子、打压孩子，孩子也很有可能变成你一直打压的模样。

> 如果家长长期不让孩子与外界接触，孩子也很容易形成怕生、胆小的性格。

所以，家长不仅应该以身作则，让自己变得勇敢，而且要给予孩子充足的自信和安全感。这样，孩子才能对外界环境不胆怯、不恐惧。

❗ 你可以这样说

如果你是个胆子小的家长，在你勇敢地做出改变时，你可以这样说：

> "别怕，爸爸妈妈以前也像你一样，不敢去尝试很多事情，后来鼓起勇气去做的时候，才发现这些事情也没什么大不了的。爸爸妈妈相信你也可以的，对吗？"

把自己和孩子放在平等的位置，以自己的经历去激励孩子，弱化新事物的恐怖形象，给予孩子信心和支撑。这样更容易让孩子有勇气迈出第一步。

如果孩子长期处于比较封闭的状态，家长就要经常带孩子去接触外界、触摸大自然，这时你可以这样说：

> "别担心，面对陌生的事物感到害怕是正常的，我们多做几次就不害怕了是不是？爸爸妈妈一直在这里，不会让你有一点儿危险。"

表达对孩子胆小、恐惧的理解，给孩子正向的期许和充足的安全感，可以大大消退孩子对不确定因素的畏惧。拥有安定的内心后，孩子才会有勇气接触新事物。

♪ 反思

孩子是父母的镜子，他们很擅长模仿，特别是模仿父母的行为。家长畏惧的，孩子也可能会畏惧。孩子还对家长有天然的崇拜和信任，家长对孩子在心理上进行恐吓、打压，往往会让孩子对未知感到害怕、恐惧，对自我产生怀疑，最后造成孩子胆小的性格。

家长应该将自身作为孩子的榜样，自己先学会勇敢地去面对世界，然后提供给孩子多多接触新事物的机会和充足的安全感。这样，孩子在面对未知时就有底气去承受最坏的结果，而不是因为害怕搞砸事情后遭受家长的怒火和打骂，而畏缩不前，不敢尝试。

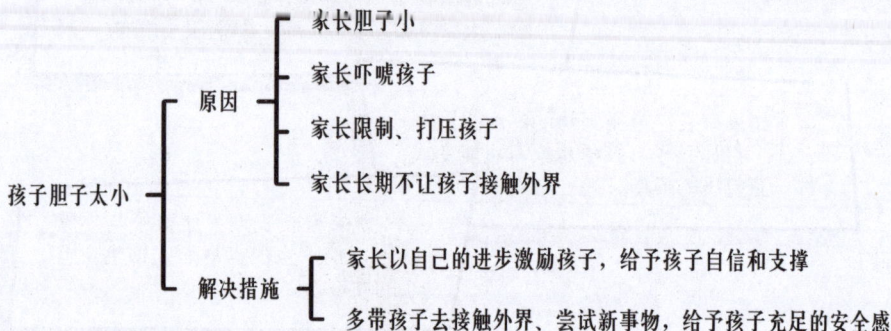

```
                      ┌── 家长胆子小
                 ┌─ 原因 ──┤── 家长吓唬孩子
                 │        ├── 家长限制、打压孩子
                 │        └── 家长长期不让孩子接触外界
孩子胆子太小 ──┤
                 │          ┌── 家长以自己的进步激励孩子，给予孩子自信和支撑
                 └─ 解决措施 ─┤
                            └── 多带孩子去接触外界、尝试新事物，给予孩子充足的安全感
```

♥ 治愈父母

你小的时候有没有听过"再不睡就让警察叔叔来抓你"之类的话？这种话让本应该是我们有困难时最应求助的人，变成了我们潜意识里畏惧的人，以至于很多人成年了，在心里还是不太愿意接触警察。这种长大后想起来不值一提的话语，却会对孩提时的自己产生真实的、深刻的伤害。如今已成为父母的我们，虽然无法重回童年，但已有能力去自我治愈。我们不仅可以重新让自己去接触那些小时候没机会接触的、畏惧接触的事物，还可以带领我们的孩子去探索、冒险，培养孩子的冒险精神，在养自己和养孩子的同时获得双重的满足和快乐。

108

"我爱你"不是早恋的代名词，别过度应激

● 不要听见"结婚"就如临大敌。

● 孩子眼中的"我爱你"或许是另一种含义。

❓ 底层逻辑

孩子 3 至 5 岁时，会对很多事物产生兴趣和热情，这时候相比于其他时期更容易学习某种知识和行为，这个阶段就叫作"敏感期"。敏感期包括很多方面，比较常见的有语言敏感期、性别敏感期、婚姻敏感期、身份确认敏感期等。

> 4 岁以后，如果孩子明确表达自己喜欢某一同学，或对同学说"我爱你"，这说明孩子进入了"婚姻敏感期"，这是孩子模仿大人，认识世界的一种方式，父母不要过于敏感。

> 当孩子对同学说"我爱你"的时候，可能只是因为他们经常在一起玩，而且对方愿意跟他分享自己的玩具和零食。这种感情，来得快，去得也快，很可能对方让他不高兴了，他就会转移注意力，爱上别的事物。

这说明孩子眼中的"我爱你"并不是你担心的那个意思，父母应该尽量忽视或淡化这件事。

❗ 你可以这样说

如果你只是意外听到孩子对别人说"我爱你"，你可以装作无事发生；如果孩子因为被拒绝而找你求助，你可以这样说：

"你看起来好像有一点受伤，或许你可以试着先跟对方做好朋友，怎么样？"

说话的时候可以蹲下来抱着孩子，尽量强调"一起玩儿""好朋友"等正常交往活动，弱化"我爱你""结婚"等概念。等这一段时间过去之后，孩子会随着成长了解"婚姻"真正的含义，也就不会再随便对别人说"我爱你"了。

如果孩子主动告诉你"我想跟 × × 结婚"，你可以这样说：

"× × 是你最好的朋友吗？看来你们在一起玩得很开心呀！"

当孩子主动跟你分享想法的时候，或许是想获得你的认同，所以回答时应该从孩子的感受出发，千万不要问"为什么""结果怎么样"等，这会强化"结婚"这件事在孩子心中的分量，单纯的喜欢也会变味。

♪ 反思

　　婚姻敏感期其实是孩子最早开始认识两性关系的时期。很多父母在这个问题上认识不到位，不仅不许孩子谈论这个话题，也禁止孩子之间的正常交往，这种行为阻碍了孩子认识并处理两性关系能力的发展，为孩子未来与异性相处及处理婚姻关系等埋下隐患。其实，婚姻敏感期在一定程度上标志着孩子的情绪、情感达到了一个成熟的状态。儿童时期的情感非常纯粹，正确引导孩子，让孩子在童年顺利度过婚姻敏感期，可以让孩子认识到情感培养和发展的过程，为孩子成人后的婚姻关系奠定基础。

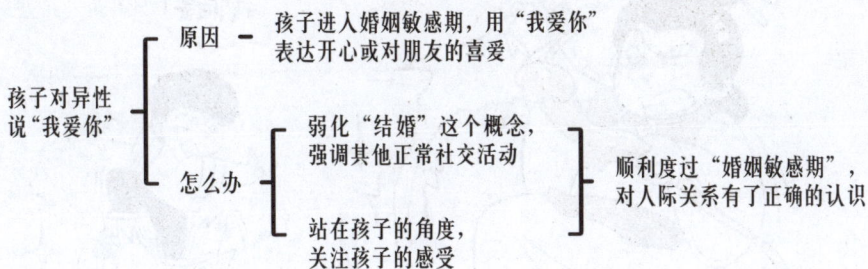

孩子对异性说"我爱你"
- 原因 — 孩子进入婚姻敏感期，用"我爱你"表达开心或对朋友的喜爱
- 怎么办
  - 弱化"结婚"这个概念，强调其他正常社交活动
  - 站在孩子的角度，关注孩子的感受
  - → 顺利度过"婚姻敏感期"，对人际关系有了正确的认识

♥ 治愈父母

　　你小时候跟关系好的玩伴"表白"过吗？被父母知道后他们是怎样解决的呢？或许从前的父母会告诉你不能这样做，但却从来不说为什么不能这样做，应该如何做。于是长大后全靠自己在人际关系中一步步摸索，花费比别人更多的时间来积累经验。更有甚者，糊里糊涂进入婚姻关系，将日子过得一地鸡毛。

　　在教育孩子的过程中，或许我们也能找到一些曾经缺失的答案。人生就是在攀登一座没有尽头的阶梯，只要你愿意成长，任何时候都不算晚。

早恋真是诱人堕落的"魔鬼"吗?

● 孩子像弹簧,压得越狠,反弹得越厉害。

● 你没有满足孩子的情感需求,孩子就会向别人寻求帮助。

？ 底层逻辑

孩子在成长的过程中，会在某一个阶段出现对异性爱慕的倾向，这是因为孩子对自我以及他人的认知发生改变，对两性关系产生敏感和好奇，这是成长过程中一种正常的心理现象。这种心理现象可能会导致孩子出现早恋行为。家长要正确看待这个行为，找到孩子早恋的原因，引导孩子树立正确的爱情观。

一般来说，比起小学生和初中生，高中生出现"早恋"行为的比例较高，但小学生也不是绝对没有这类情况。在小学阶段，五六年级出现"早恋"行为的概率较高，发生这种情况一般有三种原因，这三种原因可能独立影响，也可能相互作用。

1. 生理原因

随着孩子生理的快速发展，很多孩子会对异性产生好奇的心理。这种好奇心会促使孩子主动接近有好感的人，双方互动频繁，又互相有好感，就可能导致恋爱的发生。这类早恋现象十分常见，孩子会因为对方某个突出的优点，如长得好看、学习成绩好、会弹钢琴等，而产生朦胧的好感。

2. 原生家庭中的情感需求没有得到满足

有些孩子早恋，是因为在原生家庭中的情感需求没有得到满足，比如关心、陪伴、认可等。有些父母认为自己对孩子好，只要满足孩子的物质需求就好了，他们努力做到让孩子不愁吃不愁穿，却忽视了孩子的情感需求。因为这个原因早恋的孩子，一般父母都忙于工作，没有时间陪伴孩子。来自父母的关怀与陪伴少了，孩子就会转而向同龄的异性朋友寻求关怀。

3. 叛逆心理

孩子身体成长发育的同时，心理也会逐渐走向独立。当孩子处于心理发育的"过渡期"时，他们会对家长的管束感到不满，会产生"家长让自己做什么，自己偏不做什么"的叛逆心理，所以当家长三令五申不准早恋的时候，孩子会因叛逆心理产生"我偏要"的想法。

在小学阶段，如果孩子与异性朋友之间有"亲密"的接触，如偶尔一块儿看看书、说说话、写作业、做值日等，先别草木皆兵，孩子也许只是交到了一个好朋友。但如果发现孩子确实早恋，即使很意外，也要先保持冷静，理性地分析出孩子行为背后的原因，这样才能更好地引导孩子。

! 你可以这样说

面对孩子早恋，可以试着用心平气和的语气和孩子沟通：

"听说你和 XX 的关系很好，我很好奇你们是什么样的朋友，可以给我讲讲吗？"

用"关系很好"而不是"早恋"，表示家长没有自己下定义，而是让孩子自己定义和"早恋对象"的关系，并向孩子透露出"家长只是好奇，并不会干涉孩子"的信号，让孩子能够放心地和家长沟通。

正面引导，让孩子了解你的想法：

"我知道你和 XX 的事，这很正常。但我希望你知道，真正健康的爱情是共同成长，我希望你和 XX 能够产生 1＋1＞2 的效果，你们可以相互促进学习，一起进步。"

向孩子表明你"不反对"的态度，用"你们"而不是"你"，让孩子感受到家长对他早恋行为的尊重。引导两个孩子树立正确的爱情观，并进一步引导孩子把这一份青春激情转化成认真学习和积极上进的动力。

也可以脱离家长的身份，站在朋友的角度出发：

"我很好奇你为什么喜欢 XX，是因为他的哪个特点吸引了你吗？有空可以多给我讲讲你们之间的事吗？"

当孩子感受到家长是可以沟通的，并且感受到家长给予的足够的关心和支持，孩子就不会一直"陷"在早恋的关系里。有了家长充足的爱作为支撑，孩子能够更快地从对他人的情感需求中走出来，面对更丰富的世界。

此外，虽然孩子之间的恋爱一般比较纯洁美好，家长也依然要防患于未然，家长要重视对孩子的性教育。既要让他们明白什么是责任与义务，什么事是现阶段不可以做的；又要教会他们自尊自爱，让他们学会保护自己。

114

◗ 反思

对于孩子早恋这件事，如果只是简单粗暴地"棒打鸳鸯"，反而会适得其反，激起孩子的反抗心理。最好的办法是，家长做好自我心理调适，加强对孩子的指导，耐心倾听孩子的诉说，并用和风细雨的话语引导，让孩子感受到家长的关爱。

家长也可以借此机会，塑造孩子正确的恋爱观、价值观。让孩子理解到，爱情不是单纯的相互吸引，它包含了高尚的情操和充实的精神生活。同时个人的理想、志趣，是恋爱之外更值得追求的事物，要试着把精力放在追求远大理想和实现人生价值上。

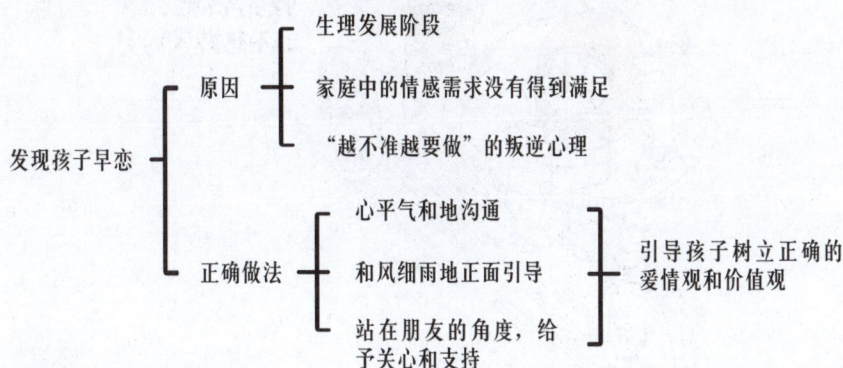

发现孩子早恋
- 原因
  - 生理发展阶段
  - 家庭中的情感需求没有得到满足
  - "越不准越要做"的叛逆心理
- 正确做法
  - 心平气和地沟通
  - 和风细雨地正面引导
  - 站在朋友的角度，给予关心和支持
  - → 引导孩子树立正确的爱情观和价值观

♥ 治愈父母

发现自己孩子早恋的那一刻，你一定感觉"五雷轰顶"，是不是已经开始联想"早恋让孩子堕落，孩子的未来从此变成深渊"了？放轻松，想一想你小时候有没有对某个同学产生过朦胧的好感？也许是他出众的外貌，也许是他过人的学习成绩，也许是他写得一手好字，使他在你的眼里自带光环。

别担心，这只是成长的必经之路，把我们能做的做好，剩下的就交给孩子吧。给孩子足够的时间和空间，帮助他去思考、去面对、去解决，相信他能够从中获得成长。

115

要改掉孩子攀比的毛病，你先别自卑

● 有时候，孩子的嫌弃来自你的不自信。

● 你的自卑，是孩子攀比心的"催化剂"。

❓ 底层逻辑

孩子上学后，会接触到很多家庭条件不同的同学。每个人穿的、用的、玩的都有差别，这样彼此之间就容易产生对比。当孩子觉得自己的东西比不上他们时，就会向父母表达出"我们家是不是很穷？""别人家那么有钱，我们家怎么这么穷？"之类的疑问，这时，如果父母因为自己的不自信或不当回事，责骂孩子没良心，或是随意地敷衍过去，都很可能让孩子变得自卑，或养成攀比的坏习惯。

我们应对孩子的攀比心时，首先自己要有自信，如果自己都觉得家里确实很穷，不敢见人的话，那孩子肯定也会这么想。然后再帮助孩子树立正确的价值观，区分"需要的"和"想要的"，孩子需要的东西可以尽量满足孩子，但孩子想要的东西，是要酌情考虑的。

> "需要的"是必需品，比如食物、文具、雨伞、书籍等。

> "想要的"是非必需品，比如陀螺、游戏卡片、游戏机、手办等。

❗ 你可以这样说

孩子攀比、嫌弃家里穷并不可怕，可怕的是父母对孩子的态度的放任，甚至变相鼓励。我们可以这样去跟孩子交谈。

> "是什么事情让你觉得家里穷呢？可以跟爸爸妈妈说说吗？"

> "怎么突然这么说？是遇到什么想买的东西了吗？告诉爸爸妈妈，我们可以一起商量。"

可以询问孩子，具体是遇到了什么事情。有攀比心是在所难免的，但要告诉孩子，攀比的点不要放在物质上，要放在学习和让自己变得更优秀上面，让孩子要比就比谁看的书多、谁更有本领等。

> "宝贝，衣服和鞋子等物质上的条件，我们不需要攀比，鞋子、衣服只要舒服、实用就好了，我们要跟人家比的应该是学识和本领。"

当孩子在一些有意义的事情上获得了成绩，他们就会意识到，自己根本不需要通过攀比吃穿住行来满足虚荣心，因为他有更好的方法让自己更加充实。

117

▶ 反思

　　父母的态度才是孩子正确面对贫富差距的关键。身为父母，给孩子传递正确的价值观和生活方式，才是我们最应该做的。当孩子出现攀比行为时，我们要告诉孩子，物质上的富足只能给自己带来一时的虚荣感，这不是我们炫耀的"砝码"，我们真正应该富足的是自己的精神世界。我们应该提醒孩子，想要的生活要靠自己的努力去争取。

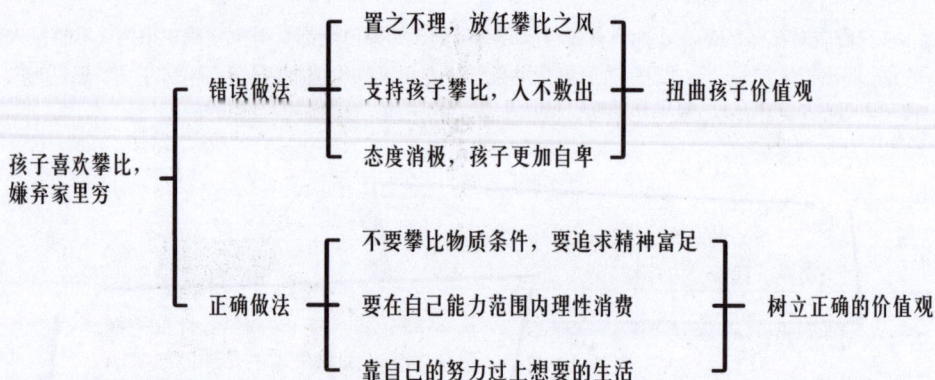

```
                    ┌─ 置之不理，放任攀比之风 ─┐
             错误做法 ┤  支持孩子攀比，入不敷出  ├─ 扭曲孩子价值观
                    └─ 态度消极，孩子更加自卑 ─┘
孩子喜欢攀比，┤
嫌弃家里穷
                    ┌─ 不要攀比物质条件，要追求精神富足 ─┐
             正确做法 ┤  要在自己能力范围内理性消费       ├─ 树立正确的价值观
                    └─ 靠自己的努力过上想要的生活 ─┘
```

♥ 治愈父母

　　小时候，看到别人家有大电视，你是不是也很羡慕？回到家，是不是很难忍住不跟爸妈嚷嚷着也要买大彩电？孩子处在世界观、人生观、价值观的萌芽阶段时，他们会广泛吸收世界上的丰富信息，在父母"培优"心态的影响下，自然会希望自己拥有的一切都是最好的。看见别人的东西比自己的更好，产生羡慕的心理也是正常的。这个时候，我们要做的就是帮助孩子树立正确的价值观：与其羡慕别人，不如努力做最好的自己。

出口成章不是出口成"脏"

● 脏话是无形的武器，有强大杀伤力。

● 别让孩子错误地觉得，脏话更有力量。

❓ 底层逻辑

孩子一般不会无缘无故说脏话，当听到孩子说脏话时，可以考虑是否有以下几种原因。

> 孩子对脏话没有清晰的认知，他们目前可能还不知道脏话的含义，但是会发现这些语言能够对别人产生影响。

比如，当孩子模仿着说出脏话时，家长会立马产生和平时不一样的反应：家长会放下手头的事，专注于教育他。于是孩子就会觉得：如果想要得到家长的关注，说类似的话是一个很好的方法。一旦养成了这个习惯，以后孩子想要获得别人的注意，也会尝试使用这种方法。

> 孩子说的脏话，一般来源于身边接触到的说脏话的人或日常看的影视作品。

当孩子还处在对脏话没有分辨能力的阶段时，家长最好避免让小孩跟总说脏话的人接触。另外，家长在给孩子放映影视作品时，也要慎重选择。最重要的是，如果家长自己有说脏话的习惯，在小孩面前，要努力改正自己说脏话的坏习惯。

❗ 你可以这样说

听到孩子嘴里冒出脏话的时候，首先可以平静地询问孩子：

> "你刚刚说的这个话，是什么意思啊？"

不带责备的问句一般不会引起孩子的抵触，孩子自己可能都不知道这话是什么意思，只是听别人说了，就学着说了。

和孩子建立沟通以后，再向孩子表达你的想法：

> "宝贝你知道吗，这个话是很不好的，会伤害到听的人，也会让人觉得你很没有礼貌，以后不能再说了哟！"

告诉孩子，说脏话是不好的，让孩子认识到说脏话的后果，反省自己说脏话的行为。

然后，可以和孩子讨论能够用什么话代替脏话：

> "我明白你当时是想表达自己的情绪，或许咱们可以一起想一想，用别的什么词更好。"

引导孩子用更合适的词代替脏话，既可以避免孩子再说脏话，还可以让孩子学会更丰富地表达自己的情绪。

◗ 反思

在孩子说脏话的问题上，可怕的不是"脏话"，而是家长面对这件事的态度。如果孩子只是偶尔在情绪特别激烈时说脏话，家长要学会理解和接纳，不要太较真，毕竟没有人可以保证自己从来不骂人。但是，如果孩子经常说脏话，家长就需要关注孩子的情绪。孩子这样做可能是内心积压了太多负面情绪，导致遇到一点小事，就忍不住愤怒骂人，家长要学会帮助孩子用倾诉、大哭、运动等合理的方法释放情绪。

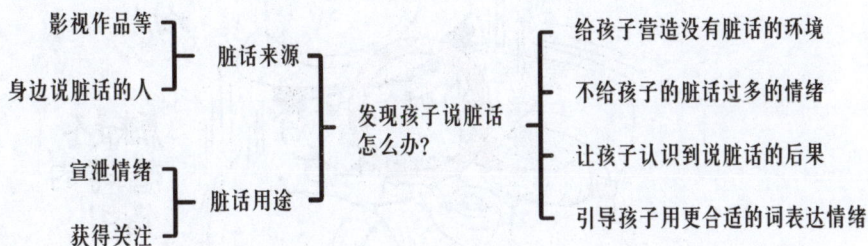

影视作品等 ┐
            ├ 脏话来源 ┐   ┌ 给孩子营造没有脏话的环境
身边说脏话的人 ┘   │   │
                        ├ 发现孩子说脏话 ┤ 不给孩子的脏话过多的情绪
                        │   怎么办？   │
宣泄情绪 ┐   │   │ 让孩子认识到说脏话的后果
         ├ 脏话用途 ┘   │
获得关注 ┘   └ 引导孩子用更合适的词表达情绪

♥ 治愈父母

特别生气的时候，你会不会爆出脏话？从小我们就被教导要文明用语，然而在情绪激动的时候，还是会忍不住骂出一句脏话。对于"说脏话"这件事，我们可以这样通俗理解：当人们保持理智的时候，大脑会把脏话"过滤掉"，但是当人们情绪波动剧烈的时候，大脑控制不住，脏话就会脱口而出。

所以，不要给自己和孩子太重的包袱，我们不必把说脏话当成"洪水猛兽"，偶尔说脏话可能只是一时激动，受到情绪的影响而已，这和人的性格、素质没有直接关系。

你说脏话了，你完了，准备下地狱吧！

偶尔说一句脏话，没事的。

孩子的谎言，看破不说破

●孩子不知道，自己的谎言能被一眼看穿。

●你当场拆穿，孩子更加不敢说实话。

❓ 底层逻辑

发现孩子撒谎后，我们该怎么办呢？首先，我们可以想一想，孩子为什么要撒谎？孩子撒谎，一般有三个原因：

> **逃避责任或惩罚**。如果孩子有过做错事被训斥、惩罚的经历，再次犯错时，就很有可能为了规避惩罚而本能地撒谎。

> **模仿和学习**。孩子具有很强的模仿能力，他们可能会从父母、同龄人或其他亲近的人那里学到撒谎的行为。你一句漫不经心的谎话，甚至是善意的谎言等，都可能被孩子模仿。

> **表现欲和虚荣心作祟**。有些孩子可能通过撒谎来吸引他人的注意，特别是当他们用诚实的方式无法得到足够的关注时，撒谎就成为一种获取认可感和满足感的途径。

❗ 你可以这样说

面对孩子的撒谎行为，我们要保持冷静和理智，切忌情绪化处理问题。因为我们要做的不是严惩，而是要借此培养孩子坦荡、真诚的优秀品格。

"你是怕爸爸妈妈发现你做错事，然后处罚你吗？没关系，我们不会怪你，但你要跟我们说实话，好吗？"

"我可以帮你一起弥补这个错误，但是下一次遇到这种情况，可不能撒谎了。"

当我们发现孩子撒谎时，不要对孩子发火，也不要像侦查员一样对孩子刨根问底。要让他们知道，做错事并不是什么可怕的事情，撒谎才是。

"你这么做一定有自己的理由，可以讲给我听吗？"

"原来是这样，我要表扬你的诚实，撒谎后勇于承认就是好孩子。"

试着用温和的态度给撒谎的孩子一次机会，当孩子敢于承认自己撒谎时，不要吝啬自己的夸奖。之后再告诉孩子撒谎可能带来的不良影响，让孩子知道自己错在哪里。

🐾 反思

　　一般而言，孩子撒谎可能是无意识的，也可能是出于某种特定的心理需求。当发现孩子撒谎时，我们可以这样做：首先，冷静、耐心地和孩子沟通，深入了解孩子撒谎的原因；其次，帮助孩子认识到撒谎的负面影响，比如撒谎会破坏他人对你的信任，导致他人疏远你等；最后，给孩子营造一个诚实、开放的家庭氛围，以身作则，成为孩子的榜样。

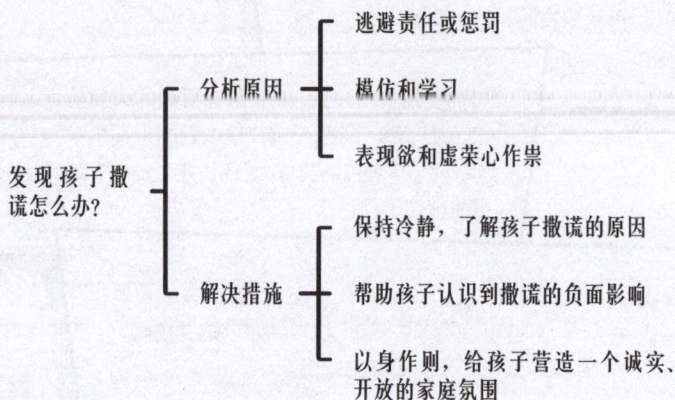

```
                        ┌── 逃避责任或惩罚
              分析原因 ──┼── 模仿和学习
              │         └── 表现欲和虚荣心作祟
发现孩子撒 ───┤
谎怎么办?     │         ┌── 保持冷静，了解孩子撒谎的原因
              解决措施 ──┼── 帮助孩子认识到撒谎的负面影响
                        └── 以身作则，给孩子营造一个诚实、
                            开放的家庭氛围
```

❤ 治愈父母

　　想一想，你小时候都撒过什么谎呢？可能是没坐过飞机，却跟同学吹牛说坐过；可能是踢球不小心打碎了教室玻璃，却撒谎说没有……想想现在的我们，平时与人交往是不是也会撒谎？有销售电话打过来，你不想继续沟通，于是撒谎说自己在开会；志愿者邀请你做调查问卷，你不想暴露自己的个人信息，于是谎报了名字和手机号码……所以，在面对孩子撒谎时，我们不要如临大敌，不要以暴力和斥骂对待孩子，而应该耐心引导，帮助孩子纠正不良行为，毕竟，我们也是撒着一个个小谎长大的，不是吗？

别人的东西，可以心动但不能行动

● 孩子可能没有"偷"的概念。

● 但要警惕，有些错误不能犯第二次。

？ 底层逻辑

发现孩子偷拿东西时一定要及时干预，但千万不要上升到道德层面来给孩子贴"小偷"的标签。孩子偷东西的原因一般有以下几种可能：

1.孩子对这一行为有一定的认知偏差。孩子不明白这种行为是错误的，再加上物权意识模糊，所以会"偷拿"别人的东西。

2.被周围的环境影响。如果孩子听过或看过周围的人这么做，会以为这种行为是正确的、可行的，然后发生模仿行为。

3.缺乏家庭的关爱。孩子可能通过偷东西的行为来引起家长的注意和关心。

4.孩子的基本需求没有得到满足。如果家长平时过于压抑孩子的物欲，对孩子管束较严，也容易引起反效果，导致孩子通过偷拿东西的行为来满足自己的小欲望。

一旦发现孩子有"偷窃"行为，先别急着发火，为了保护孩子的自尊心，也不要在公共场所羞辱孩子，而是应该立即制止，再在比较私密的环境下对孩子进行教育。

！ 你可以这样说

孩子虽然小，但做事的时候也有他们的理由。家长应该冷静地与孩子沟通，了解孩子这么做背后的原因。你可以这样说：

> "这好像不是你的东西，你是怎么得到它的？"

> "这个是你偷偷拿的吗？你能告诉我你拿它的原因吗？是因为喜欢它吗？"

先不要给孩子的行为定罪，问清楚孩子这么做的原因，然后对症下药，这样才能起到效果。

问清楚原因之后，家长要告诉孩子偷拿别人东西是不对的，教导孩子改正错误。你可以这样说：

> "偷拿别人东西是不对的，你想想，如果别人把你最喜欢的东西偷偷拿走了，你会不会很难过呢？我们等下就把东西还给别人好不好？爸爸妈妈陪你一起，不要怕。"

教导孩子这种行为是错误的，用换位思考的方式，让孩子认识到这种行为带来的后果，并引导孩子改正错误、弥补错误。

❥ 反思

孩子不像我们大人，他们对偷东西这件事没有明确的是非观念和道德感，物权意识也很模糊，分不清东西的归属。当我们发现孩子偷拿了东西时，我们要鼓励孩子勇于承认错误，并引导孩子改正错误，杜绝类似问题的再次发生。而且千万不能给孩子的行为定上我们成人意义的"罪"，这会让孩子在潜意识里贬低自己，影响心理健康。

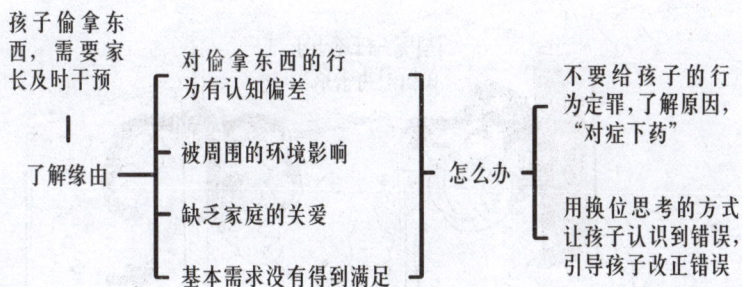

```
孩子偷拿东
西，需要家                对偷拿东西的行
长及时干预                为有认知偏差                     不要给孩子的行
                                                       为定罪，了解原因，
              ┌── 被周围的环境影响                        "对症下药"
了解缘由 ─────┤                        怎么办 ──────┤
              │   缺乏家庭的关爱                         用换位思考的方式
              │                                       让孩子认识到错误，
              └── 基本需求没有得到满足                     引导孩子改正错误
```

♥ 治愈父母

"偷"在我们成年人的认识中是特别可耻的行为，所以有些父母在发现孩子"偷东西"时，觉得颜面尽失，会非常严厉地打骂孩子，有的甚至酿成惨案。可是在网络匿名时代，很多网友都承认自己在小时候有过"偷窃"行为，有的是偷爸妈的一块钱，有的是偷别人家地里的一个瓜。由此可见，"偷东西"在孩子中是一种比较普遍的现象。如果曾经的你也有过"偷东西"这一行为，请不要自责，要理解自己在那个年龄段的不成熟。只要你后来认识并改正了错误，年幼的自己就值得被原谅。

孩子知错不改？可能是你错了

●吓唬让孩子记住了恐惧，弱化了对错误的认知。

●孩子自己认识不到错误，再严苛也没有用。

❓ 底层逻辑

在许多父母心中，孩子知错不改，犯的错误可能是：该放到指定位置的东西到处乱扔，说了很多遍也没有用；在某些场合大声喧哗，越管闹得越凶。

> 从父母的角度来说，孩子错在：1.给父母带来了很多额外的劳动；2.引起他人的不满从而责怪父母没有教育好孩子。

> 从孩子的角度来说，他只考虑自己当下的舒服和方便，不太会换位思考。

家长需要耐心地引导，千万不要用语言暴力迫使孩子改变。

> 孩子不像大人那样对社会规则深谙于心。当他们到达一个新环境时，新鲜感和好奇心会让他们变得十分"好动"，这与他是否知道规则无关，因为他们的大脑还未发育完全，所以有时候行为会变得不受控制。

就这一点来说，家长不能将孩子的所有行为都定义为"犯错"，更不能简单地只用惩罚的方式来纠正孩子的"错误"行为。

❗ 你可以这样说

当发现孩子有做得不好的地方时，我们千万别用"犯错"去定义孩子，可以试着用更温和、理性、有效的方式与孩子沟通：

"这里有两只脏袜子，上次我也从你的枕头下翻出了四五双没有洗过的脏袜子，我感到很生气。一想到我还要从各个角落里找出臭袜子，我就觉得好累啊。"

把孩子做得不好的地方具体、客观地描述出来，让孩子知道他是哪里做得不够好，然后再表达自己的感受，让孩子知道这样做会影响到别人，引导孩子认识问题所在。

"我希望你下次能把XXX放在我指定的地方，这样既能让家里看起来整洁，也能给我减少很多麻烦，你能做到吗？"

用平等对话的方式表达出你希望孩子如何做，而不是用命令、指责和强迫的语气。只有放平心态，尊重孩子，孩子才能反过来尊重你，按你的要求来做。

129

✎ 反思

　　著名的马歇尔·卢森堡博士发现了神奇的非暴力沟通方式。这种沟通方式鼓励我们用客观的观察和真实的感受，取代评判和指责。因此在与孩子沟通时，我们可以通过客观的观察、倾诉真实的感受、表达你想获得的结果、具体指出需要对方做什么等，让沟通的双方得以相互理解、友好相处。所以，不要只看到孩子的"错处"，而应该通过孩子做得不好的地方让孩子明白正确的行为方向，这样才能帮助孩子改正错误。

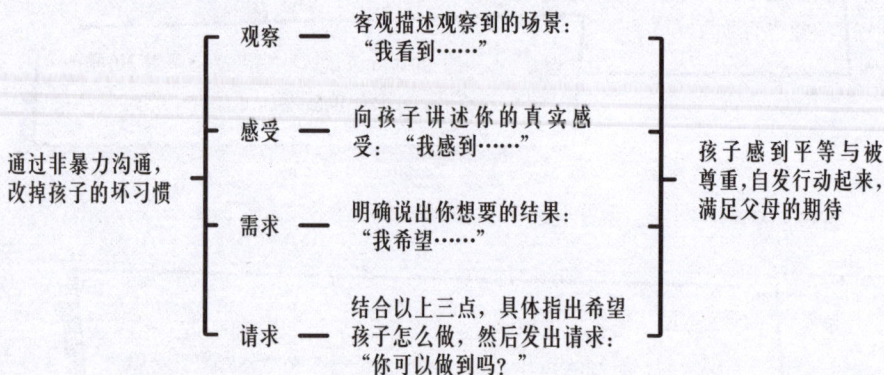

通过非暴力沟通，改掉孩子的坏习惯

- 观察 —— 客观描述观察到的场景："我看到……"
- 感受 —— 向孩子讲述你的真实感受："我感到……"
- 需求 —— 明确说出你想要的结果："我希望……"
- 请求 —— 结合以上三点，具体指出希望孩子怎么做，然后发出请求："你可以做到吗？"

孩子感到平等与被尊重，自发行动起来，满足父母的期待

♥ 治愈父母

　　相信提起"不小心打碎碗被父母骂"这件事，很多人都有共鸣，好像我们小时候或多或少都经历过父母的语言暴力。以至于长大之后没法与父母和平相处，只要父母一开口就感到烦躁，脱口而出的是反驳、伤人的话。这其实是一种"条件反射"，过去的父母不擅长表达爱，习惯性地否定、打击、指责我们，导致他们一开口我们就排斥。不用对父母感到愧疚，也不要尝试着去改变他们，我们应该在自己这里终止语言暴力，然后用爱与尊重帮助我们的孩子改正错误，建立起新一代的"和平"沟通。

孩子说想离家出走，也许是在求助

● 每个孩子，都会有离家出走的念头。

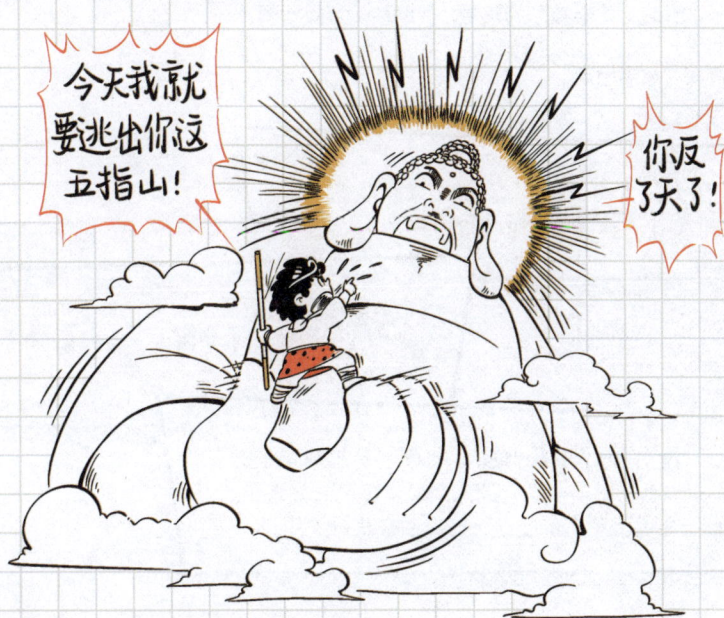

● 保持冷静，不要把孩子越推越远。

❓ 底层逻辑

随着年龄的增长，孩子的独立意识也在慢慢增强，他们开始抗拒父母安排好的所有事，想要脱离父母控制。独立意识使孩子或多或少会冒出"离家出走"的念头。但当孩子明确向父母表达出想要"离家出走"的想法时，一般意味着孩子的内心感到痛苦。父母这个时候能做的，是站在孩子的角度，体会孩子的感受，帮助孩子解决问题。

孩子想要"离家出走"，一般有这几种原因：

压力过大。长辈将过高的要求和期望压在了孩子身上，使孩子感觉喘不过气来。

家庭关系糟糕。父母关系不和时，孩子被夹在父母中间不知所措，有时还会成为父母的出气筒。

没有被尊重和倾听。父母容易忽视孩子的表达，当孩子感受到自己的需求和意见没有被重视时，可能会说出"离家出走"这类话来获得关注。

❗ 你可以这样说

当孩子告诉你他想要离家出走时，先别开口斥责孩子，这样只会把孩子吓跑。我们可以试着和孩子好好聊一聊：

"听到你这样说，爸爸妈妈很伤心，可以跟我们说说你为什么这样想吗？"

向孩子表达你的态度，不是愤怒、恐慌，而是对孩子想要"离家出走"的伤心。然后做一个合格的倾听者，认真倾听孩子的想法，让孩子把情绪宣泄出来，在这期间不要打断、反驳孩子。

"我们很爱你，希望咱们的家是你喜欢的家。你希望家里是什么样子的？你希望爸爸妈妈怎么做？"

孩子表述完自己的观点后，还需要给孩子一定的承诺。告诉孩子你们是爱他的，也愿意为了他改变现状。为了消除让孩子想要逃离的因素，父母和孩子可以约定一起为了理想、和谐的家庭环境而努力。

◗ 反思

其实，孩子想要"离家出走"的内心深处，是在渴望一个轻松、宽容、和谐的家庭环境，是在向大人求助，请求大人带他逃离如巨大的压力、父母的争吵等糟糕的处境。但很多时候，大人面对孩子不会好好表达，明明是对孩子有期待，却用严肃的、批评的、抱怨的话语来跟孩子沟通。明明不希望孩子"离家出走"，却总能三言两语把孩子越逼越远。有时候转变一下和孩子说话的方式、语气，用平等而尊重的态度、温柔的语言和孩子沟通，更能让孩子对我们产生安全的依恋感。

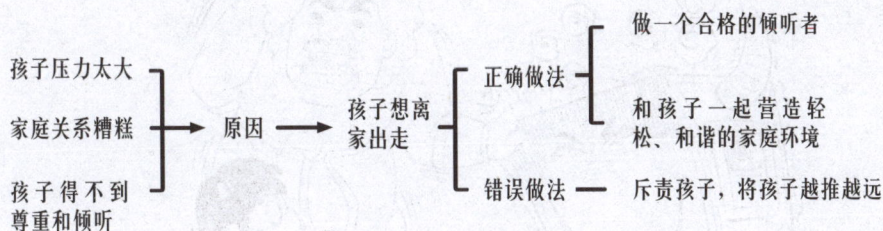

```
孩子压力太大
家庭关系糟糕    →  原因  →  孩子想离  ┌  正确做法  ┌  做一个合格的倾听者
孩子得不到            家出走  │            └  和孩子一起营造轻
尊重和倾听                    │               松、和谐的家庭环境
                             └  错误做法  ──  斥责孩子，将孩子越推越远
```

♥ 治愈父母

我想你一定很爱你的孩子，所以在听到他说想要"离家出走"时，会控制不住恐慌，进而产生愤怒的情绪，可愤怒却将孩子越推越远。冷静一下，想想你小的时候，会不会在父母让你感到不可理喻时，冒出一句"这家我不想待了"；甚至你可能真的"离家出走"过，带着最爱的玩具，躲在离家不远的地方，等着父母焦急地来寻你。曾经的你和现在想要"离家出走"的孩子渐渐重合，我想你肯定理解了孩子的心情，明白了孩子想要的到底是什么。

孩子想翻父母的钱包，就像父母想翻孩子的书包

● 你想强调钱包的重要性，却激发了孩子的好奇心。

● 不让孩子知道钱包里有什么，他还会继续翻。

❓ 底层逻辑

现在的家庭，物质条件远比从前丰富，对于孩子的要求，大多数父母都会尽量满足，这导致孩子对金钱没有明确的概念。孩子会觉得"父母挣的钱将来都是我的，所以父母的钱包也是我的钱包"。这种心理让孩子觉得自己与父母一样都是家庭"财产"的支配者，所以他们会毫无顾虑地翻父母的钱包。

有的父母会给孩子固定的零花钱，然而随着孩子长大，他们会接触到各种各样的新鲜事物。有的东西的价格超过了他能支配的零花钱。当他试着找父母要钱购买时，父母往往会说："不是已经给你钱了吗？""要节约用钱，不要随意挥霍。"多次以后，孩子不会再向父母开口，他们可能会选择偷偷翻父母的钱包。

除了这两点，还有一个很普通的原因就是，父母过于强调"禁止打开钱包"。很多事情，越不被允许，越容易激发人的好奇心。

❗ 你可以这样说

发现孩子翻钱包时，既不要表现出痛心和惊讶，也不要跟孩子强调"你不能""以后不能再这样做"，应该装作若无其事地问孩子：

"你在翻钱包，你想要用钱买什么东西吗？你都不告诉我，我好伤心。"

孩子可能会因为做不好的事情被发现了而感到惊吓，这样说，可以缓解孩子的紧张情绪，让孩子恢复到平静、正常的心态。这也是在告诉孩子，他是被父母包容的，并且有事可以告诉父母，因为父母值得信任。

"如果你想要用钱，可以告诉我们，不然钱平白无故消失了，我们可能会错怪别人或想尽各种办法寻找，这样会引起很多麻烦的。"

在与孩子沟通时，最好不要用"偷拿""坏孩子"等词语给孩子定性，这样很可能给孩子带来沉重的打击。但要让孩子知道这样做会带来很多麻烦，要让孩子学会考虑后果。

✎ 反思

对于孩子翻自己的钱包这件事，父母一般不是担心钱被孩子用掉，而是怕孩子拿钱去做不好的事情。这种担心有一定的道理，但孩子的"好"与"坏"取决于父母如何引导。父母如果在发现孩子翻钱包的时候，用理解与包容代替大吼大叫，孩子反而会生出愧疚之心，主动认识到错误；如果轻易给孩子的行为定性，认为孩子是在"偷窃""做坏事"等，孩子可能掉进被否认、打压的漩涡中，一直到长大，都会对这件事耿耿于怀，更有甚者，从此走上"偷盗"的歧途。

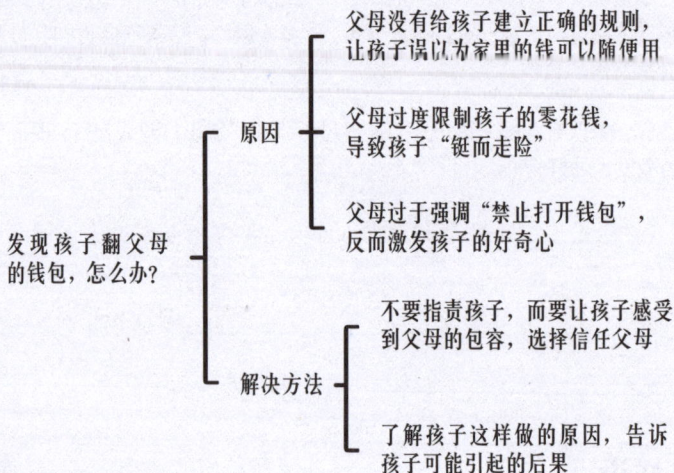

发现孩子翻父母的钱包，怎么办？
- 原因
  - 父母没有给孩子建立正确的规则，让孩子误以为家里的钱可以随便用
  - 父母过度限制孩子的零花钱，导致孩子"铤而走险"
  - 父母过于强调"禁止打开钱包"，反而激发孩子的好奇心
- 解决方法
  - 不要指责孩子，而要让孩子感受到父母的包容，选择信任父母
  - 了解孩子这样做的原因，告诉孩子可能引起的后果

♥ 治愈父母

小时候的零花钱很少，买不起游戏机、电脑和球鞋；小时候的零花钱很多，买得下一生最惬意无忧的时光。在你难忘的童年记忆中，是否有一幕是拿着父母给的两块钱到小卖部买一根雪糕，那透心的冰凉和融化在口中的香甜滋味，让如今的你找遍大街小巷，也再寻不回从前的味道。零花钱对于父母来说可能无足轻重，但对于小时候的我们，以及现在我们的孩子来说，是小小世界里为数不多的"财富"，是童年里浓墨重彩的一笔。教育孩子的时候，也别忘了想想从前的自己，培养对金钱的平常心，是我们一生都需要研究的课题。

别声张，我们三七分！

06 ·正反情绪·

比"我爱你"更能表达爱的方式

● 父母的爱，让孩子幸福感满满。

● 除了"我爱你"，还有很多表达爱的方式。

准备好接受爸爸的爱了吗?

❓ 底层逻辑

有些父母会说："哪有父母会不爱自己的孩子呢？我们这么辛苦地工作，不就是为了给孩子提供好的生活，我们当然爱他了。"是的，我们爱孩子，但爱不只是给孩子提供好的物质条件，还要在日常的语言和行动中体现。所以，我们该怎样把自己心里的爱传达给孩子呢？下面是一些表达爱意的小方法。

1. 用言语表达爱。不仅要告诉孩子你爱他，还要表达出你对他的欣赏和喜爱。例如："你今天在学校表现很好，很棒！""你已经养成了早睡早起的习惯，真厉害！"

2. 肢体接触。拥抱、亲吻、牵手等肢体接触都是表达爱意的有效方式，这些动作能够让孩子感受到温暖和关爱。

3. 陪伴孩子。可以和孩子一起阅读、玩耍，参与孩子学校的活动，还可以趁周末陪孩子一起出去徒步、野餐、旅行、看电影等，让孩子与你共度愉快的时光。

❗ 你可以这样说

除了"宝贝我爱你"，我们还可以这样说，来表达自己的爱意：

"今天的课堂作业竟然提前完成了，真棒！"

"你把书桌收拾得很干净，真勤快。"

"妈妈真佩服你，你已经可以自己从学校回来了，真是个勇敢的小朋友。"

我们在表达对孩子的喜爱时，可以对孩子进行赞美和鼓励，要给出具体的事件，这样能让孩子接收到一个信息：父母是关注着他的，并且看到了他的努力。

"因为有你的陪伴，爸爸感觉自己又充满了力量。"

"你带给爸爸妈妈很多欢乐，有你在我们身边，我们感觉很幸福。"

除了语言上告诉孩子，他的陪伴让自己更开心外，还可以配合肢体语言来表达对孩子的喜欢。可以在出去上班前，拥抱一下孩子，也可以在下班回来后，轻轻抚摸孩子的头，用行动证明你真的很爱他。

♪ 反思

　　我们需要采取一种全面而细致的方式，让孩子深切感受到我们的爱意，让孩子在爱的氛围中茁壮成长。首先，我们要用真诚的语言直接告诉孩子我们爱他，让他沐浴在爱中。其次，身体接触也是传递爱意的重要方式，一个拥抱、一个亲吻或者一个温暖的抚摸，都能让孩子感受到我们的深情厚谊。同时，我们要给予孩子足够的关注和陪伴，成为他生活中的重要支持者，让他知道，无论发生什么事，我们都会陪在他身边。

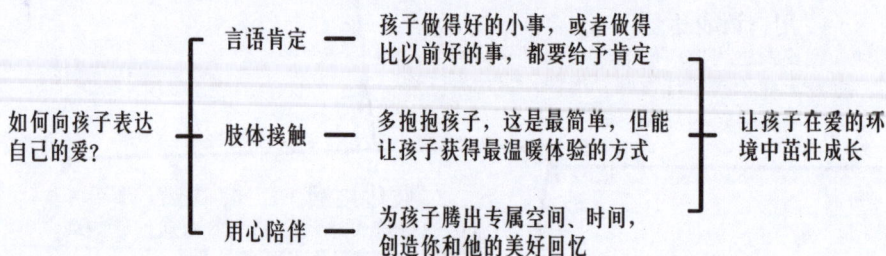

如何向孩子表达自己的爱？
- 言语肯定 —— 孩子做得好的小事，或者做得比以前好的事，都要给予肯定
- 肢体接触 —— 多抱抱孩子，这是最简单，但能让孩子获得最温暖体验的方式
- 用心陪伴 —— 为孩子腾出专属空间、时间，创造你和他的美好回忆

让孩子在爱的环境中茁壮成长

♥ 治愈父母

　　你有多久没有抱抱孩子了？又有多久没有陪孩子一起玩耍了？作为父母，我们都过着忙碌、紧张的生活，担负着无尽的责任和担忧，但这也让我们忽视了最重要的事情，就是停下来给孩子一份大大的"爱"。人是偏感性的，我们不能让孩子凭空明白父母是爱他的，爱是需要用更感性的方式直观地表达出来的，可以是生活中的一句赞美、看到孩子时的一个笑脸、给孩子的一个拥抱，等等。所以，下一次与孩子见面时，不要吝啬你的赞美和拥抱，多陪陪孩子，让孩子感受到你的爱意。

摧毁孩子的安全感，只需要一句 "我不要你了"

● 你的"我不要你了"，会让孩子当真。

● "我不要你了"的威力，足以让孩子的世界崩塌。

❓ 底层逻辑

孩子不听话时，很多家长容易说出"我不要你了"，这句话通常是家长缺乏耐心的产物。在发现这句话十分有效后，为了省时省事，家长便会经常以此来"规训"孩子，却不知道这样做对孩子有多大的伤害。

作为只能依赖和信任家长的孩子，听家长说"我不要你了"，孩子会真的认为是被抛弃了，亲子之间的依恋关系因长辈一方的语言而破坏，孩子的安全感也逐渐破碎，孩子产生对所处环境的怀疑和不确定感，容易产生心理疾病。

> 他或许会变得很黏人，无法忍受与家人分开。

> 或许会变得自卑、敏感，容易闹脾气。

> 还有可能会变得独立、冷漠，不亲近家人。

"我不要你了"这句话家长不仅不能对孩子说，还应该用温和坚定的方式，给予孩子爱与理解。充足的安全感，才是孩子强大内心的源泉。

❗ 你可以这样说

如果孩子黏人，无法与家人分开，你可以这样说：

> "你是爸爸妈妈的宝贝，爸爸妈妈永远爱你。爸爸妈妈只是有事要出去一会儿，我跟你保证，XX（时间）一定回来。回来后陪你一起XXX（某事）好不好？"

肯定孩子在自己心中的位置和重要性，表达对孩子的爱意，并用你的肢体语言，比如抚摸、拥抱、亲吻等来安抚孩子，然后向孩子承诺归期和回来后的陪伴，给予孩子内心的安定。

如果孩子情绪不稳定，敏感自卑，你应该温和而有力量地安抚孩子，与孩子沟通。你可以这样说：

> "你是爸爸妈妈最珍贵的宝贝，爸爸妈妈的家就是你的家。无论你做什么，爸爸妈妈永远都在你的身边支持你。"

加强孩子的自信心和归属感，给予孩子充足的肯定和底气，有益于培养孩子的平和心态和自信，从而让孩子积极健康地成长。

反思

家长或许只是出于"有效威胁"的心理说出"我不要你了"，但在孩子的内心却等同于"被抛弃"。孩子因为安全感受到了威胁而伤心、恐惧，从而在表面上对家长妥协。长此以往，经常听这种话的孩子，要么越来越顽皮，要么越来越胆小，而且会从心理上和家长产生距离感。

家长教育孩子的目的自然不是恐吓孩子，而是让孩子真正地意识到错误，走向正确的道路。其实温和的教育或许更有效，充足的安全感能让孩子有勇敢前行的底气，才是孩子强大内心的源泉。

家长缺乏耐心教育孩子，企图用威胁的手段快速让孩子听话

| 造成

"我不要你了"摧毁了孩子的安全感 ── 表现 ── 孩子黏人，害怕与家人分开 / 孩子自卑、敏感，容易闹脾气 / 孩子独立、冷漠，不亲近家人 ── 补救措施 ── 肯定孩子对自己的重要性，从语言和行为上加强孩子的自信心和归属感

治愈父母

如果你经常对孩子说"我不要你了"，说明曾经也有人用这句话来"规训"你。在你的成长过程中是否会有"自卑""敏感""社交障碍""情绪不稳定""难以维护亲密关系"等问题呢？如果有，也许小时候安全感的缺失给你造成了一定程度的后遗症。有句话叫"安全感是自己给的"，这自然也是因为有太多人是在缺乏安全感的环境中长大的。不过这句话也没有说错，既然我们已经长大，那便富足地培养自己，给予自己肯定和安稳，获得我们想要的安全感吧。

一手工作一手娃，一点时间两头花

● 要是可以分身，一个陪孩子，一个忙工作。

● 生硬的拒绝，让孩子感觉被抛弃。

❓ 底层逻辑

当孩子发出"为什么爸爸妈妈总有工作要忙，都不陪我玩？"的灵魂拷问时，疲于应对工作的我们，可能大脑瞬间"宕机"，不知道该如何回应孩子的诉求。这时不要跟孩子详细解释自己的工作，而应该告诉孩子自己必须要先完成工作，等工作结束以后，一定会陪他玩。

其实父母给孩子真正的陪伴，不在于时间的长短，而在于质量的高低。

> 如果父母在沙发上玩自己的手机，孩子坐在旁边玩自己的玩具，看似好像在陪伴，但就算持续三四个小时，孩子也不会觉得父母是在陪自己。

> 而父母只要花不到半个小时，全身心陪孩子读会儿书或散会儿步，就可以让孩子感受到父母的关爱和陪伴。

在和孩子共度的时间里，完全投入是关键，下次试试在陪伴孩子的时候，全心全意地参与孩子的世界吧。

❗ 你可以这样说

当孩子想要我们的陪伴时，我们可以这样和孩子沟通：

"我也很想陪你玩一会儿，但是我手头有事情没有完成，给我 X 个小时，我忙完之后就来陪你。"

孩子对工作没有概念，我们最好不要试图让孩子理解、支持我们，孩子做不到真正"理解"。只需要先让孩子知道我们现在没法立刻陪他玩，然后给孩子一个明确的时间，最后在约定好的时间履行和孩子的约定即可。

如果孩子不依不饶，仍旧想要你立刻陪他玩，可以这样和孩子说：

"我知道你很想让我现在陪你，但是我现在在做的事也很重要。或许你可以先想一想等我忙完了可以一起做些什么，制定一个详细的计划表。"

向孩子强调自己正在做的事的重要性，让孩子知道我们忙完了一定会花时间陪他。同时，用制定计划表的方式转移孩子的注意力，还可以培养孩子的时间管理能力。

✒ 反思

只要思想不滑坡，办法总比困难多。陪伴能够让我们和孩子建立良好的亲子关系，也能促进孩子的身心健康发展，这是孩子成长过程中不可或缺的重要一环。如果我们实在忙于工作，也可以通过一起吃饭、一起做家务、饭后散步、睡前聊天等方式达到陪伴的效果。此外，在忙碌的日常生活中，简单的拥抱、亲吻和鼓励的话语，都是和孩子建立深厚感情的重要方式。这些努力，能够给孩子留下温暖而又美好的童年回忆，增强他们的安全感和幸福感。

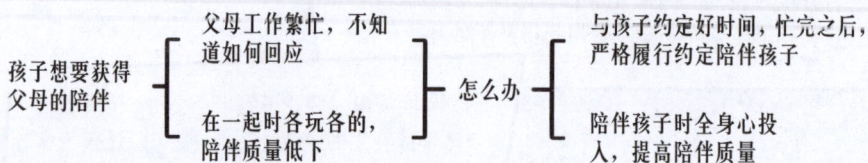

孩子想要获得
父母的陪伴 {
　父母工作繁忙，不知
　道如何回应

　在一起时各玩各的，
　陪伴质量低下
} 怎么办 {
　与孩子约定好时间，忙完之后，
　严格履行约定陪伴孩子

　陪伴孩子时全身心投
　入，提高陪伴质量
}

♥ 治愈父母

我们都想给孩子一个快乐的童年和温馨的家，但现实是，我们每天被工作压得喘不过气，为了还房贷、车贷，生活压力巨大。我想，你也一定很想陪一陪孩子，但有时一大早出门去上班，劳累了一天回到家收拾完，孩子也要睡觉了。周末想带孩子出去走走，临时接到一个工作电话，又不得不取消计划。

生活就是这样，充斥着很多无奈，你已经做得很棒啦！在为了细碎烦琐的生活而忙碌的时候，你愿意翻开这本书，去寻找一个养育孩子的更优解，在孩子心中，你已经是最棒的父母了！

方法不对，夸奖孩子也会毁掉孩子

● 夸奖孩子前先摘下你的"亲子滤镜"。

● 即使不认同也闭上眼睛夸奖，让孩子分不清对与错。

❓ 底层逻辑

有的父母在"打压式教育"的环境下长大，特别知道鼓励和赞赏对一个孩子的重要性。有的父母在教育孩子的过程中特别注意自己的言行，生怕一不小心给孩子的心理带来负面影响，夸奖孩子又担心孩子变得自负。

经常夸奖孩子的父母可能会发现一个问题：一开始，孩子会变得很积极、很上进，但时间久了之后，孩子不仅没有进步，反而退步了。这是因为有些父母对孩子的夸奖停留在"你好棒""你好聪明""你好厉害"的层面。

当孩子无论做什么都获得"你好聪明"的夸奖时，他就会为了证明自己"聪明"而特意不努力，不努力自然就会退步。

但是，这并不意味着夸奖对孩子没有好处，我们仍要看到夸奖对孩子身心的正面影响。孩子经常被夸奖，会更阳光、更自信，也会更有积极性和创造力。不过父母也要预防孩子由"自信"变成"自负"。总而言之，父母需要掌握正确的夸奖方法。

❗ 你可以这样说

孩子由自信变成自负，通常是因为父母只夸奖孩子努力的结果，夸奖得很宽泛，不够具体，父母可以这样说：

"你通过自己的努力把作业写完了，说明你具有很强的自控力，这一点很棒！"

"你主动帮妈妈收拾房间，你很勤劳，你真棒！"

父母夸奖孩子"你很棒"不要只笼统地说这三个字，应该具体说出孩子哪里很棒。你如果想要孩子从某个方面进步，就从那个方面具体地夸奖孩子，孩子就会顺着你的期待变得越来越好。

"咦？我都没有想到这个方法，你居然能从多个角度思考问题，看来你真的很用心，很聪明。"

其实，孩子对父母的话很敏感，他能从父母的话和语气中辨别出哪些是真心的夸奖，哪些是为了激励他"别有用心"的夸奖。所以，父母要带着一颗真诚欣赏的心去夸奖孩子，这样孩子才能在正向激励的环境中成长。

◗ 反思

可能有的父母会说"我家孩子总是调皮捣蛋，做错事，我真的无法从心底里夸奖他，怎么办？"这时候父母应该培养自己的"正向思维"，也就是从细节处看到孩子的好。比如孩子爱跟老师顶嘴，父母不该只看到孩子调皮带来的麻烦，应该看到孩子很自信，胆子很大，不惧怕"权威"，有自己的想法。再比如孩子喜欢宅在家里，虽然不利于社交，但也说明孩子不需要通过外界事物来获得满足，说明孩子拥有丰富的精神世界。其实很多父母认为孩子负面的行为中，都隐藏着闪光点，多去挖掘孩子的闪光点，就能发自内心地夸奖孩子啦！

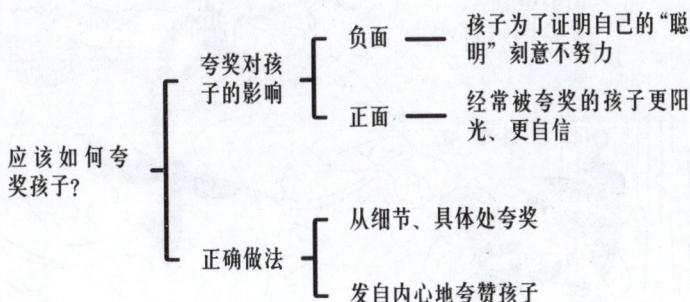

```
                          ┌─ 负面 ── 孩子为了证明自己的"聪
              夸奖对孩     │           明"刻意不努力
              子的影响 ────┤
                          └─ 正面 ── 经常被夸奖的孩子更阳
  应该如何夸                           光、更自信
  奖孩子？ ────┤
                          ┌─ 从细节、具体处夸奖
              正确做法 ────┤
                          └─ 发自内心地夸赞孩子
```

♥ 治愈父母

有人说"养孩子就是养曾经的自己"，那些小时候没有得到过的零食、玩具和夸奖，都会在成为父母后，加倍地补偿在孩子身上。曾经的自己可能自卑、自我怀疑，暗淡无光，但却希望孩子自信、坚定，如星光般璀璨。相信你已经急着奔赴人生的下一个旅程，不会再反过来从父母那里乞求认可和一句迟来的"道歉"。在下一个终点到来之前，希望曾经那个自卑、自我怀疑的你已经褪去暗淡的外壳，生长出新的皮肤和骨骼，带领着孩子一起，实现这场教育的闭环。

孩子不肯叫人，就是不懂礼貌吗？

●面对叔叔阿姨，孩子就是不肯张口。

●你的熟人，也许是孩子眼中可怕的陌生人。

❓ 底层逻辑

有时候带着孩子在路上遇到熟人，想让孩子叫叔叔、阿姨，孩子却躲在我们身后不吭声。先别急着尴尬地否定孩子，孩子不肯叫人，真的就是不懂礼貌吗？咱们先来分析一下孩子行为背后的心理原因：

1. 性格慢热。有些孩子的性格比较慢热，和人熟络的过程比较长，而且只有跟特别熟悉的人，才能放开了聊天。面对陌生人，孩子可能一言不发，等见了 3 ~ 5 次之后，才会慢慢开口。

2. 自我保护意识强。孩子面对自己不认识的人，会产生自我保护意识，想要保持一定的距离，自然不愿开口。尤其是有些大人喜欢逗孩子，这种行为会让孩子感到被冒犯，更不愿意开口了。

3. 叛逆心态。孩子有自己打招呼的方式，比如冲父母的熟人笑。如果我们强行让孩子开口喊人，孩子可能会不乐意。

❗ 你可以这样说

如果为了培养孩子的基本礼仪，而使用逼孩子打招呼的方式，往往会事与愿违。

如果孩子没有开口，我们可以对熟人这样说：

"不好意思，孩子比较害羞，还没有准备好。"

不要指责孩子，从孩子的角度出发，帮助孩子说出他的想法，这样孩子会获得更多的鼓励和勇气。

在快离开时，可以对孩子这样说：

"咱们朝叔叔（阿姨）挥挥手说再见吧，现在你们已经认识啦，下次见面可以试着跟叔叔（阿姨）打个招呼哟！"

引导孩子先做出一些孩子能够接受的互动，等到孩子和我们的熟人渐渐熟悉了，就会愿意开口了。

离开后，可以告诉孩子：

"遇见爸爸妈妈的熟人打招呼是一个基本礼仪，我相信你也想做一个懂礼貌的好孩子，希望你下一次可以试着跟叔叔（阿姨）打招呼。"

向孩子表达你的期望，但不强迫。

◢ 反思

　　孩子不和自己觉得陌生的人打招呼，其实恰恰说明孩子的安全意识很强，这是一件好事，说明孩子懂得保护自己。等到孩子和他人慢慢熟悉起来，他的戒备心也就慢慢放下来了，那时他就会用自己的方式打招呼。作为家长，我们在孩子不开口的时候，千万不要当着他人的面指责孩子，孩子不是天生就开朗、外向、懂礼貌的，他的行为需要我们耐心引导。同时我们也要知道，孩子不一定想要参与大人的世界，我们和朋友、亲戚的碰面、交谈，不应该让孩子不知所措。

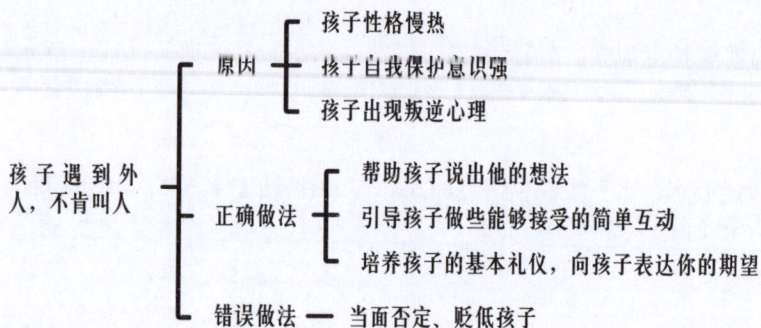

```
                          ┌ 孩子性格慢热
                   原因 ┤ 孩子自我保护意识强
                          └ 孩子出现叛逆心理
孩子遇到外          ┌ 帮助孩子说出他的想法
人，不肯叫人 ┤ 正确做法 ┤ 引导孩子做些能够接受的简单互动
                   │      └ 培养孩子的基本礼仪，向孩子表达你的期望
                   └ 错误做法 ── 当面否定、贬低孩子
```

♥ 治愈父母

　　你小的时候，跟着爸爸妈妈遇见他们的熟人，会主动喊叔叔阿姨吗？我想你也一定有某一段时间，害怕"陌生人"，但却被家长要求跟"陌生人"打招呼。如果只是在路上遇到一两个人还勉强可以应付，但过年过节的时候，家里各种亲戚聚在一起，被不认识的七大姑八大姨包围，你还能保持镇定吗？是不是一句话都不想说，想立刻逃离那个地方呢？这样一回忆，是不是突然明白了孩子的感受。或许我们可以试着松弛一点，让自己松弛一些，也让孩子松弛一些。这个世界并不只属于外向的人，内向的人也能用自己的方式过得很好。

152

孩子太看重输赢？或许你可以先放下执念

●孩子的失败，不应该被钉在耻辱柱上。

●过分在意输赢，扼杀了孩子的自信心。

❓ 底层逻辑

孩子在成长的过程中，会遇到各种各样的比较与竞争，如果孩子内心过于脆弱，每一场比赛都过分追求胜利，一旦赢了就会得意扬扬，输了就容易号啕大哭。当孩子出现"输不起"的心理时，我们要及时对孩子进行疏导。

从父母层面来看，孩子对于输赢的看法，大多情况下取决于父母对输赢的看法。都说父母是孩子的第一任老师，在孩子的成长过程中，父母如果过分在意输赢，那孩子很难用平常心去对待输赢。

从孩子的角度来看，胜负欲太强，有可能是给自己的压力太大，也许是为了满足父母对自己的期待，也许是希望自己成为"别人家的孩子"。也有可能是对自己的能力认知不足，孩子如果长期处在被过度夸赞的语言环境中，就很容易对自己的能力产生认知偏差。这些都可能导致孩子要求自己只能赢不能输。

从以上两方面出发，我们应该在调整对待输赢的态度之后，再与孩子对话。

❗ 你可以这样说

面对孩子的输赢，家长首先要摆正自己的心态，如果在意输赢，可以对孩子说：

"好可惜啊，咱们都准备了那么久，花了那么多功夫，真的好遗憾！我们一起去做点开心的事安慰一下自己吧！"

"宝贝真棒！成功做到了，我就知道咱们的努力没有白费，一起庆祝一下吧！"

如果家长真的不在意输赢，可以对孩子说：

"没事，我都没有在意这个比赛，输了说明我们还有进步的空间，相信经过你的努力，下次肯定能比这次做得更好！"

"宝贝你很棒，你向我们展现了你的实力，我们为你感到开心。"

父母对待输赢的态度，孩子是能够感受到的，所以在意就向孩子表达你的在意，不在意也可以试着体贴孩子的情绪。要让孩子知道，不论你是否在意输赢，孩子的心情最重要，输了会遗憾，赢了会开心，只要不沉溺在那些情绪里，都是正常的。

我们的胜负欲会影响孩子的胜负欲，孩子的胜负欲如果过强，很容易养成不良的性格。①做事只看重结果，不注重过程。失败的过程能够帮助孩子积累经验、教训，如果一味地盯着失败的结果，很容易错失通往成功道路的机会。②自以为是。孩子一旦获得了成功，就沾沾自喜，对于其他人的失败，就算其中有可以学习的地方也视而不见，思想变得封闭狭隘。③容易不择手段。孩子功利心过强，很容易为了达到自己的目的，忽略公平、公正、道德的准则，采用不正当手段。

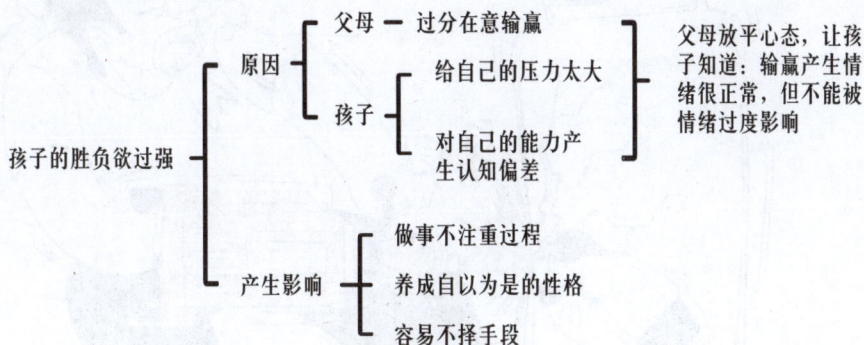

孩子的胜负欲过强
- 原因
  - 父母 — 过分在意输赢
  - 孩子
    - 给自己的压力太大
    - 对自己的能力产生认知偏差

  父母放平心态，让孩子知道：输赢产生情绪很正常，但不能被情绪过度影响

- 产生影响
  - 做事不注重过程
  - 养成自以为是的性格
  - 容易不择手段

治愈父母

孩子的胜负欲可能是受到我们的影响，或许我们可以想一想，我们的胜负欲从何而来？我们的父母小的时候，资源匮乏，要很努力地走在所有人前面，才能获得更多的资源，后来父母把这种焦虑传递给了我们，我们又不知不觉传递给了我们的孩子。从父母那里传承下来的事物，或许不全是好的，但在父母的时代，有其存在的合理性。现在我们做了父母，可以自己做出筛选，我们可以选择不再内耗自己，拥有不较劲的智慧，把这个智慧传递给我们的孩子，等他们长大了，他们也会做出自己的筛选。

你都不能坦然接受批评，为什么要孩子接受？

● 忽视孩子受到的伤害，要他坦然接受。

● 一味地批评只会让孩子逃避问题，而不能改正错误。

❓ 底层逻辑

孩子出生之后，对这个世界的认识首先来源于身边最亲的人，你给予他什么，他就会接收到什么，并给出相应的反馈。

> 如果你接纳他、包容他、赞赏他，那么他就会认识到自己的价值。有自我价值感的孩子拥有更高的配得感，同时因为他们在充满爱和安全感的环境中长大，他们对父母的反馈也会变得积极向上。

> 如果你批评他、拒绝他、贬低他，他就会感到被否定，感受不到自己存在的价值，可能变得自卑、胆小、抑郁，甚至有的孩子在父母的批评中走向极端。

"己所不欲，勿施于人"，作为大人，我们也有被批评的时候，也会感到失落、沮丧，更何况是孩子呢？相信任何人都希望自己被肯定、被接纳、被允许，所以当你准备批评孩子的时候，应该想一想"我为什么批评孩子"，而不是一味地让孩子接受批评。

❗ 你可以这样说

有时候孩子并不知道自己的行为是在犯错，要让孩子知道"做错事"并不可怕，关键是要让孩子知道错在哪里以及如何改进，所以，父母可以这样说：

"昨天我看见你给别人取外号，你这样做是不对的，以后别这样做了，可以吗？"

我们与孩子沟通的时候，要尽量避免使用负面评价，比如"你真让我失望""你真自私""你真坏"等，这些评价不仅孩子不愿意听，还会伤到孩子的自尊。我们可以尝试多使用正面评价，多用肯定的、美好的词语和孩子交流。

"你不仅不分享自己的玩具，还抢走别人的，这种行为是不友好的，妈妈很担心你，因为你这样做很容易失去朋友。"

指出孩子错误的同时要让孩子明白，虽然这件事你做错了，但妈妈依然是爱你的。要给足孩子安全感，这样孩子才会接受你的建议，改正错误。

◗ 反思

在近几年的社会新闻中，越来越多的孩子因为受不了父母的批评，选择轻生。语言暴力是一把利器，它只能逼迫孩子接受和妥协，并不能让孩子从心底认同。当你想批评孩子的时候，想一想你被批评的时候是什么感受。作为孩子的父母，我们应该尽量为孩子遮风挡雨，而不是做那个给孩子制造风雨的人。你是成年人，你应该比孩子更能控制自己的情绪，伤人的话出口之前，应该在脑海中过一遍，有时候只需要简单改变几个词，事情的结果就会大不一样。

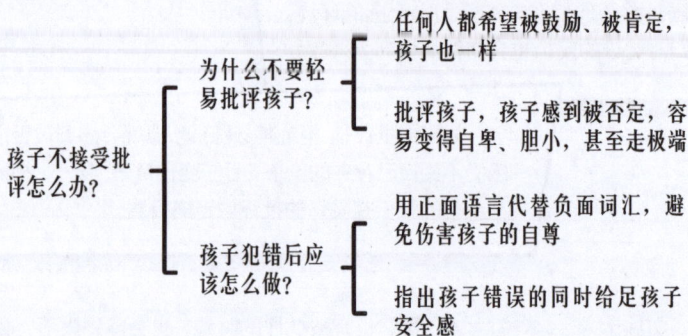

孩子不接受批评怎么办？
- 为什么不要轻易批评孩子？
  - 任何人都希望被鼓励、被肯定，孩子也一样
  - 批评孩子，孩子感到被否定，容易变得自卑、胆小，甚至走极端
- 孩子犯错后应该怎么做？
  - 用正面语言代替负面词汇，避免伤害孩子的自尊
  - 指出孩子错误的同时给足孩子安全感

♥ 治愈父母

一个人如果能够坦然接受别人的讨厌和批评，必然具有强烈的"自我价值感"。有自我价值感的人通常也具有稳定的自信心，无论别人对他批评的内容是对还是错，都不影响他对自己的评价和认可。然而获得自我价值感并不简单，需要从小就生活在被肯定、被爱的环境中。可能你已经错过了这样的机会，但是为人父母，你可以为孩子打造这样的环境和氛围，从一个低价值感的人变成为孩子创造价值感的人。我相信，在成就孩子的过程中你也能找到自己的价值，这就是生命延续的意义吧！

我是错了，但让我道歉岂不是很没面子？

● 即使发现自己错了，"对不起"这三个字却怎么也说不出口。

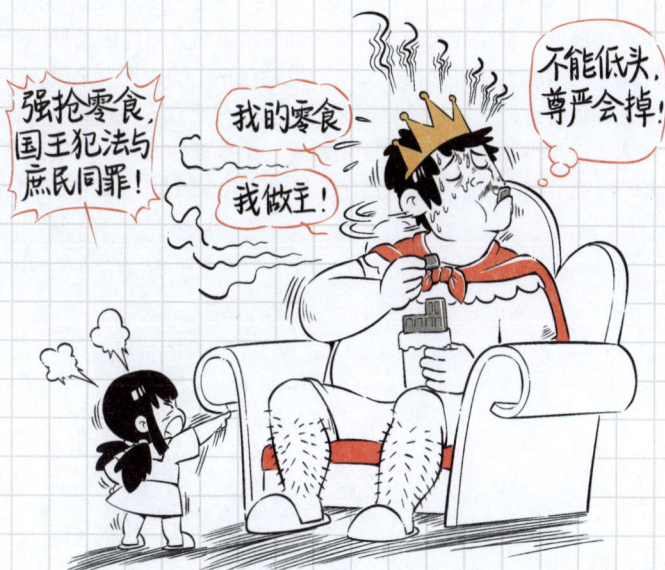

● "中国式"道歉并不能抚平孩子心中的不甘。

159

❓ 底层逻辑

人不是生来就什么都会的，就算为人父母，也会有犯错的时候，也会有做得过分的时候。很多人觉得自己作为父母，犯了错根本无须向孩子道歉。可是如果父母不能知错认错，那又怎么能培养出知错就改的孩子呢？

父母发现自己做错事后，为了缓解尴尬，可能会说："晚上想吃什么，我给你做。""下楼吃饭了！""今晚吃红烧肉、黄豆炖猪蹄。"当父母做错事后，可能因为抹不开面子，他们很喜欢用"吃饭式"的道歉方式，向孩子低头。但站在孩子的立场上来说，父母这种避重就轻的行为更像是在告诉他们"我都给你道歉了，你还有什么不满意的"。这种行为在孩子眼中并不是在认错。不得不承认，向孩子道歉是一个艰难的过程，但确实是非常有必要的。我们如果真的做错了事，就必须承认自己的错误，并以诚恳的态度向孩子道歉。

❗ 你可以这样说

当发现自己做错事时，家长应该及时道歉，不要拖拖拉拉、拐弯抹角。你可以这么说：

"宝贝，对不起，我才反应过来刚才的事情是我错了，让你受委屈了，真是不好意思。"

"对不起，刚才是爸爸妈妈错怪你了，你就原谅我们吧！"

我们和孩子是平等的，应该互相尊重，所以犯错后，也要及时向孩子道歉。可以用简单的一句话让孩子感受到我们的歉意，并表达出希望自己被原谅的想法。

"爸爸妈妈不该没问清楚原因就怪你，我们向你道歉，对不起。"

有一些父母，在孩子受委屈哭闹不止时，才勉强说出"我错了还不行吗？"但当孩子问哪里错了时，父母却支支吾吾，这样的道歉只会让孩子更加迷惑。道歉要明确。当你向孩子道歉的时候，要让孩子知道你哪里做错了，为什么要认错。

反思

对于很多父母来说，和孩子说"对不起"，是一件很丢面子的事情，所以他们会用"叫孩子吃饭""做孩子喜欢吃的东西"等方式去给孩子道歉。但这种"独特"的道歉方式对于孩子来说，不仅是一种来自父母的变相施压，更是在孩子心中埋下一颗"定时炸弹"，影响着亲子之间的感情。道歉必须有诚恳的态度，如果遮遮掩掩、轻描淡写，只会显得自己不真诚，会让孩子感觉你不是真心认错。所以，当我们在孩子面前犯错时，我们必须直截了当地承认自己的错误，不仅要说"对不起"，而且要明确地承认我们做错了什么。

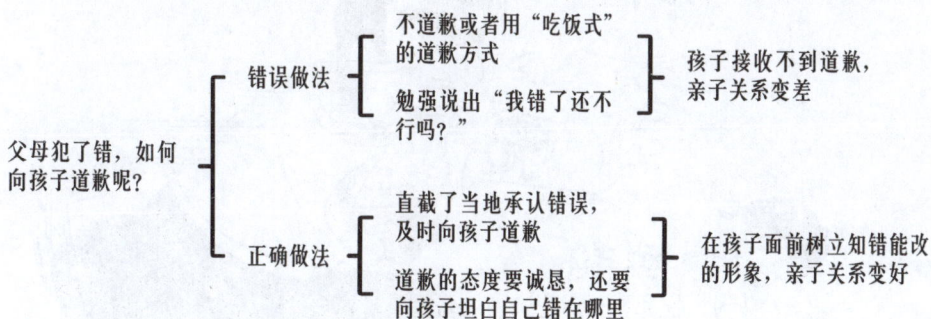

父母犯了错，如何
向孩子道歉呢？

错误做法
- 不道歉或者用"吃饭式"的道歉方式
- 勉强说出"我错了还不行吗？"

→ 孩子接收不到道歉，亲子关系变差

正确做法
- 直截了当地承认错误，及时向孩子道歉
- 道歉的态度要诚恳，还要向孩子坦白自己错在哪里

→ 在孩子面前树立知错能改的形象，亲子关系变好

治愈父母

我们也是从孩子来到世界的那一刻开始，才学着去做父母。我们的爱可能笨拙，甚至莽撞；我们的关心可能琐碎，甚至讨厌，我们并不完美，会有缺点，会在某一刻做错事情。犯错并不可怕，可怕的是，明明知道自己做错了却不肯承认，也不道歉。如果身为父母的我们都一次次回避道歉，那该怎么教会孩子成为一个勇于承担的人呢？想让孩子不惧错误，我们就要先学会承认错误。所以，勇敢地跟孩子道歉，说声对不起，也是父母智慧的体现。

请选择道歉方式：
A. 喊孩子吃饭
B. 威胁孩子不准生气
C. 让孩子签署霸王条款

孩子走失后又找回，我的心情就像过山车

● 情绪失控放大了孩子的错误，给孩子带来沉重的心理负担。

● 走失的恐惧加上你的暴力教育，让孩子受到双重伤害。

❓ 底层逻辑

孩子走失被找回时，有的孩子会用哭泣发泄自己的情绪，急切地扑向父母寻求安慰；有的孩子却是低着头畏缩地不敢走向父母。为什么会这样呢？

> 因为前者相信自己能从父母那里得到安慰和安全感。

> 后者知道自己只会面对父母雷霆般的怒火，从而畏惧走向父母。

孩子走失时强烈的情绪是恐惧，即使被找回来了，这种恐惧也是无法很快消散的。这时如果父母反应激烈，无论是强烈的责骂，还是激动地诉说孩子可能遇到的各种不良后果，都会加重孩子的心理负担，扩大孩子内心的恐惧。

情绪失控的家长对孩子的冲击，或许更甚于走失带来的恐惧。所以家长应该控制好自己的情绪，在一个比较稳定的状态下，向孩子表达自己的关心，给予孩子安慰和安全感，第一时间抚平孩子内心的不安和波动。

❗ 你可以这样说

孩子刚被找回时惊魂未定，在给予动作上的安抚（比如亲吻、拥抱、抚摸孩子）时，你可以这样说：

> "终于找到你了，爸爸妈妈一直在担心你。别害怕，爸爸妈妈都在这里呢。"

用温和的情绪表达自己对孩子的担心，让孩子知道自己被关心着、在乎着。安抚孩子不安的情绪，用自己的存在给予他安全感。

询问孩子走失这段时间所发生的事，你可以这样说：

> "别担心，爸爸妈妈在这里陪着你。你能告诉爸爸妈妈这段时间去哪里了、发生了什么事吗？有没有受伤或感到害怕？"

用稳定、平和的口吻告诉孩子自己对他的支持和陪伴，让孩子在不恐慌的状态下诉说自己走失的经历和感受，不动声色地确认孩子的身心是否受到伤害。然后有针对性地对孩子缺乏安全意识的行为进行教育，减少孩子以后生活中可能存在的潜在危险。

163

反思

　　孩子走失后父母肯定心急如焚，但孩子此时必定非常恐惧。找回后，孩子如果知道自己将要面临的是父母的滔天怒火，或者是带有极强控制欲的关心和管控，也会止不住地害怕、焦虑。父母需要做的就是控制住自己的情绪，以关心孩子、理解孩子为先，向孩子表达自己的爱和担心，再在孩子的情绪得到安抚的基础上，询问事情的经过和孩子的感受，在沟通中确认孩子的身心安全，最后在孩子安全意识不足这方面做针对性的教育，增强孩子的自助、自救意识。

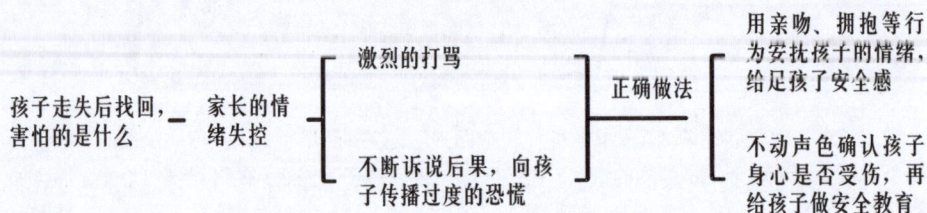

孩子走失后找回，害怕的是什么 — 家长的情绪失控

- 激烈的打骂
- 不断诉说后果，向孩子传播过度的恐慌

正确做法

- 用亲吻、拥抱等行为安抚孩子的情绪，给足孩子安全感
- 不动声色确认孩子身心是否受伤，再给孩子做安全教育

治愈父母

　　常在新闻中看到，有的孩子因为贪玩而不小心从父母身边走失，好不容易获救后，父母为了让他们"长记性"，往往是一顿暴力输出。父母激烈情绪的宣泄，暴力的教育方式，往往让这种经历变成回忆里堆满灰尘的角落，不愿想起。你是否也有过这种经历呢？如今你长大了，面对自己的孩子，你也会像你的父母那样急于宣泄自己的情绪吗？幼小的孩子心灵脆弱，在父母的暴怒之下，往往难以听进大道理，通常留下的只有情绪，父母的情绪和自己的情绪。如果你想给自己的孩子清扫心灵的灰尘，何不以爱和平和待他？安抚孩子的同时，也是以温柔的心在对待自己。

爸爸，你找啥呢？

爸妈吵得不可开交，孩子吓得魂飞魄散

● 让孩子参与夫妻间的争执，会给孩子身心带来直接伤害。

● 别让孩子用一生去治愈童年。

❓ 底层逻辑

只要有人存在的地方就容易产生矛盾，即使是亲密无间的夫妻，也会有意见不同，出现矛盾的时候。争吵不可避免，但我们最好不要让孩子看见，如果孩子看见父母争吵，可能会给他带来负面影响：

1. 争吵中的激动情绪和举动可能会令孩子感觉到恐惧。 有的父母争吵时，不仅互相攻击、谩骂，甚至动手打人，这些行为会让孩子感到害怕、不安，甚至产生心理阴影。

2. 孩子会因为担心父母的关系出现裂痕，而失去安全感。 父母的争吵可能会让孩子联想到"离婚"，失去其中任何一方都会让孩子失去安全感。

3. 夫妻争吵可能会影响孩子的自我认同和自我评价。 虽然父母吵架的原因并不一定是因为孩子，但作为家庭的一分子，孩子会认为自己有责任维护家庭和睦，因此产生负罪感。

所以，夫妻争吵最好不要让孩子参与，如果不小心被看到了，也要立即"停战"，单独与孩子沟通。

❗ 你可以这样说

夫妻双方如果在争吵激烈时被孩子看到了，应该立刻停止争吵，然后对孩子说：

"对不起，爸爸妈妈有事要讨论，情绪可能有点激动，这不是你的错，跟你没有关系。"

千万不要持续增加"火力"，对另一半说"都怪你，让孩子看到了"，孩子可能会愧疚、伤心、大哭不止。应该告诉孩子这是父母之间的事情，不必有心理负担。

"爸爸妈妈只是对某件事的意见不太一致，当人们都坚持自己的意见时，就会有一些分歧。"

"对不起，爸爸妈妈刚刚没有控制住情绪，吓到你了吧？如果这让你感到不舒服了，你告诉我们好不好？"

先告诉孩子争吵是因为父母观点不一致，不是针对孩子，也不代表夫妻感情破裂。然后再抚平孩子的情绪，让他把心中的感受说出来，释放心中的不安，能及时减少"争吵"这件事对孩子心灵的刺激。

◗ 反思

　　成年人的性格不容易改变，有的夫妻通过争吵进行沟通，在这种情况下，父母应该心平气和地与孩子讨论这件事，坦然承认争吵是错误的，请孩子说出他对这件事的感受，并对孩子的感受进行安抚。当父母坦然接受并承认自己的缺点时，反而能够一起商量出一套面对争吵的解决方案。比如，父母争吵时孩子可以回避，无论如何父母也不会把孩子牵扯进来；或者，争吵之后，可以做一些增进家庭成员感情的事情作为补偿。这样商讨出来的方案大家都能接受，也就能严格执行，慢慢地，家庭就会变得越来越和谐。

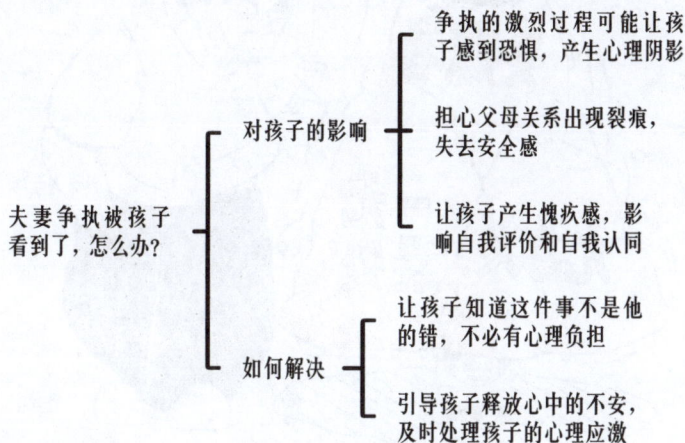

```
                                       ┌ 争执的激烈过程可能让孩
                             ┌ 对孩子的影响 ┤ 子感到恐惧，产生心理阴影
                             │         │
                             │         ├ 担心父母关系出现裂痕，
                             │         │ 失去安全感
夫妻争执被孩子 ┤                │         │
看到了，怎么办？ │                │         └ 让孩子产生愧疚感，影
                             │           响自我评价和自我认同
                             │
                             │         ┌ 让孩子知道这件事不是他
                             └ 如何解决  ┤ 的错，不必有心理负担
                                       │
                                       └ 引导孩子释放心中的不安，
                                         及时处理孩子的心理应激
```

♥ 治愈父母

　　在父母的争吵中度过的孩子，会容易产生焦虑、愤怒、恐惧等情绪，有的孩子选择逃避；有的孩子选择反抗；有的孩子逃不掉也反抗不了，于是只能漠视，把自己伪装起来，像一块石头一样，但其实在坚硬的石头内部藏着一个瑟瑟发抖的小孩。这些孩子需要有人细致、耐心地去教会他们如何与人正确相处，如何自我疗愈。相信上面的文字已经给了你正确的方法，希望在不久的将来，那个在"石头"里瑟瑟发抖的小孩会长大，变成伟岸的英雄，举着希望的火炬，把光明传递给自己的孩子。

孩子想自杀，不要忽略他的求救信号

● 你的不理解，是压死骆驼的最后一根稻草。

● 你想通过刺激让孩子变得正常，现实往往背道而驰。

❓ 底层逻辑

对思想还没有完全成熟的孩子来说，产生自杀的念头，并不一定是真的想要结束生命，有可能是为了摆脱面临的痛苦。很多孩子并不是一下子就想到了"死亡"的，在产生死亡的念头之前，他们一般都遭受了叠加性的心理创伤，其中又以家庭内的心理创伤为主，比如父母的严苛、冷漠、不理解等。这些创伤会产生一定的心理问题，逐渐让孩子在日常生活中感到痛苦，痛苦累积到某个节点，就会出现严重的灾难化思维，比如想要自杀。

很多时候，孩子向我们表达"不想活了"，也许并不是为了威胁我们以达到某种目的的，也许是在向我们说"救救我"。如果这时我们不予重视，不仅忽视孩子的求救信号，还反过来指责孩子，很有可能就会成为"压死骆驼的最后一根稻草"，催化悲剧的发生。

所以任何时候，作为家长，都不要忽视孩子的内心感受，不要觉得孩子不开心就是性格内向所致，不要忽视孩子对你诉说的烦恼。

❗ 你可以这样说

当你发现孩子产生"不想活了"的想法时，你千万不要批评指责：

"死什么死！你知道什么是死吗？"

"小孩子懂什么？赶紧把你的心思都给我放在学习上！"

"说吧，这次又是想要什么？"

不要立刻否定孩子的情绪，你的这些话说出口，只会把孩子越推越远。孩子的负面情绪得不到我们的关注和疏解，鼓起勇气的求助换来了铺天盖地的指责、批评，容易激发孩子的极端行为。

可以试着让孩子表达自己：

"你这样想，我很伤心。你是遇到什么难过的事了吗？可以和我们讲讲吗？"

"看到你不开心，爸爸妈妈也很难过。"

"我们很爱你，希望你快乐，有什么办法可以让你开心一点吗？"

当孩子的情绪被我们接纳，孩子可以顺畅地表达自己，就像即将满溢的洪水有了一个宣泄口，能够帮助孩子顺利度过情绪糟糕的时期。

▶ 反思

当孩子向我们发出"想要自杀"这类求救信号，我们对孩子的回应，就像黑暗屋子里照亮孩子的一道光，能够驱散围绕在孩子身边的阴影。所以，哪怕孩子说出的话让我们暴跳如雷，哪怕我们觉得孩子的事情无关紧要，也请给予孩子无条件的回应，让他感受到我们的关注和理解，带他走出这片低谷。

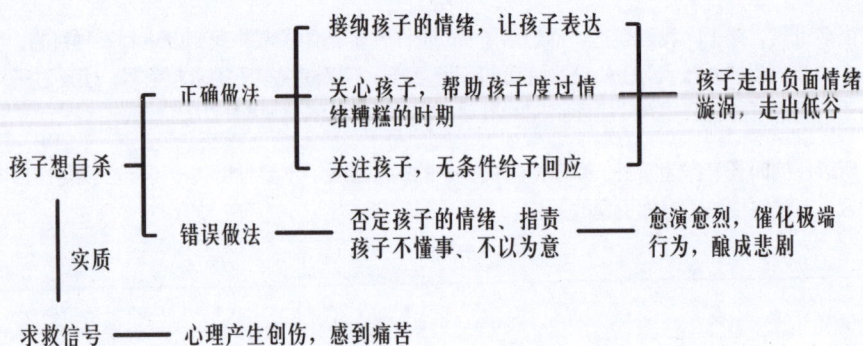

```
                      ┌── 接纳孩子的情绪，让孩子表达 ──┐
                      │                                      │
            ┌ 正确做法 ┤── 关心孩子，帮助孩子度过情      ├ 孩子走出负面情绪
            │         │   绪糟糕的时期                    │ 漩涡，走出低谷
            │         │                                   │
            │         └── 关注孩子，无条件给予回应 ──────┘
  孩子想自杀 ┤
            │         ┌── 否定孩子的情绪、指责        ── 愈演愈烈，催化极端
            │ 实质     └ 错误做法 ─ 孩子不懂事、不以为意      行为，酿成悲剧
            │
  求救信号 ──── 心理产生创伤，感到痛苦
```

♥ 治愈父母

你如果被父母劈头盖脸地责骂，还能保持心平气和，并且像以前一样亲近父母吗？在我们国家的亲子关系中，存在着这样的问题：很多时候，父母明明很爱孩子，却用批评和指责的方式表达；明明关心孩子，却用控制和打压的方式表达。我们好像知道父母是爱我们的，但是却很难从父母那里感受到温暖的爱。也许是因为"爱之深，责之切"，但有时候，我们也会想要得到父母温柔的拥抱。我们知道自己想要什么样的父母、不喜欢什么样的父母，何不成为自己想要的父母呢？